营改增政策解读与企业实操手册

李建军　编著

人 民 邮 电 出 版 社
北　京

图书在版编目（CIP）数据

营改增政策解读与企业实操手册 / 李建军编著. -- 北京 : 人民邮电出版社, 2013.6（2014.12 重印）
ISBN 978-7-115-32042-1

Ⅰ. ①营… Ⅱ. ①李… Ⅲ. ①税收政策－中国－手册 ②企业管理－税收管理－中国－手册 Ⅳ. ①F812.42-62

中国版本图书馆CIP数据核字(2013)第109820号

内容提要

本书根据财政部、国家税务总局发布的有关营业税改征增值税最新的相关政策编写而成。全书对政策解读、会计核算、发票管理、增值税申报、营改增后的纳税筹划与风险防范等方面进行了详细的解读和指导。

本书可作为“营改增”试点地区企业负责人、财务部门负责人以及财会人员参考用书，也可作为会计师事务所、税务师事务所以及相关财税类顾问机构培训用书，同时，还可作为财税类大中专院校在校学生学习“营改增”和相关税法的参考用书。

◆ 编　　著　李建军
责任编辑　王飞龙
执行编辑　赵雨思
责任印制　杨林杰

◆ 人民邮电出版社出版发行　　北京市丰台区成寿寺路 11 号
邮编　100164　　电子邮件　315@ptpress.com.cn
网址　http://www.ptpress.com.cn
北京隆昌伟业印刷有限公司印刷

◆ 开本：787×1092　1/16
印张：12　　　　2013 年 6 月第 1 版
字数：160 千字　　　　2014 年 12 月北京第 3 次印刷

定价：29.00 元

读者服务热线：(010) 81055656　印装质量热线：(010) 81055316
反盗版热线：(010) 81055315
广告经营许可证：京崇工商广字第0021号

前　言

“十二五”期间，我国营业税改征增值税（简称营改增）改革将逐步推广到全国范围。营改增意在减少重复征税，促进经济结构的调整，促进相关行业特别是服务业的发展。营改增也是税制完善的重要内容之一。

营改增方案设计是以不增加税负为前提的。其行业覆盖范围为“1+6”，即交通运输业（包括陆路运输、水路运输、航空运输、管道运输），现代服务业中的研发、信息技术、文化创意、物流辅助、有形动产租赁以及鉴证咨询6个领域。

尽管营改增试点工作已经进行了一段时间，但在对中小企业进行辅导的过程中发现，许多企业在政策理解方面还存在诸多疑惑，在实际操作方面尚不知如何着手，因此，我们策划并编写了本书，希望能为处于迷惑、彷徨中的企业排疑解惑，为中小企业提供一些实际性的帮助。

本书根据财政部、国家税务总局发布的《交通运输业和部分现代服务业营业税改征增值税试点实施办法》、《交通运输业和部分现代服务业营业税改征增值税试点有关事项的规定》和《交通运输业和部分现代服务业营业税改征增值税试点过渡政策的规定》等相关政策编写而成。全书对以下六个方面的内容进行了详细的解读和指导。

◇营改增政策解读：全面解读相关政策法规，并分析“营改增”对相关企业的影响。

◇营改增后的会计核算：内容包括会计科目设置、一般纳税人一般账务处理、小规模纳税人的一般账务处理、特殊纳税事项的会计处理。

◇增值税专用发票管理：首先介绍专用发票与增值税防伪税控系统，再一一讲述增值税专用发票的限额申请，增值税专用发票的初始发行、领购、开具以及红字发票的开具及丢失方面的处理要领。

◇营改增后增值税申报：内容包括营改增后增值税申报、增值税纳税申报表的填写、出口退（免）税认定和申报的要领以及注意事项。

◇营改增后的纳税筹划与风险防范：重点介绍营改增后企业进行纳税筹划的要领及可能面临的风险。

◇附录：营业税改征增值税法律法规集锦。

本书在政策解读方面以法规原文为“点”；以增值税、营业税相关知识的归纳、提炼为“线”，确保读者能够熟悉和理解“营改增”相关法规条款；在企业实操方面，注重对每项事务实际操作步骤的讲解，同时配以贴近实务的“实例”，使读者在理解政策的基础上掌握实际操作技巧。

本书由李建军（中国注册税务师、中国注册会计师、工商管理硕士、深圳市注册税务师协会理事）主持编写，参与编写的还有会计师事务所、税务师事务所的工作人员，企业财务管理人员以及财经院校老师，具体包括张绍峰、刘冬娟、高风琴、吴丽芳、宿佳佳、申姝红、郑洁、刘军、李辉、赵静洁、赵建学、陈运花、段青民、杨冬琼、王丹、赵仁涛、柳景章、唐琼、段利荣、林红艺、贺才为、林友进、刘海江、马丽平、匡仲潇、滕宝红。全书由李景吉讲师统稿、审核。

当然，由于编者自身水平有限，书中难免存在不足之处，在此希望广大读者批评指正。

目 录

第一章 营改增政策解读

营业税改征增值税试点改革是国家实施结构性减税的一项重要举措，也是一项重大的税制改革。国家于2012年1月1日起在上海市交通运输业和部分现代服务业开展了营业税改征增值税试点改革，由此拉开了营业税改征增值税的改革大幕，同年8月，营改增试点分批扩大。按照规划，最快有望在“十二五”（2011—2015）期间完成“营改增”。

第二章　营改增后的会计核算

营改增后，企业的会计核算也有一定的变化，而《营业税改征增值税试点有关企业会计处理规定》则对营业税改征增值税后的会计核算做出了具体的规定。

第三章　增值税专用发票管理

增值税专用发票仅限增值税一般纳税人使用（以下简称一般纳税人），是一般纳税人销售货物或者提供应税劳务开具的发票，同时也是购买方支付增值税额并按照增值税有关规定据以抵扣增值税进项税额的凭证。

第四章　营改增后增值税申报

营业税改增值税后，在纳税申报时也有一定的变化，许多企业有点忙乱，对于如何抵扣进项、如何计算应缴增值税等把握不准，对于如何填写增值税纳税申报表也是不太清楚，而这会直接影响增值税的申报工作。本节则重点介绍营改增后增值税申报的具体业务的办理。

第五章 营改增后的纳税筹划与风险防范

“营改增”的实施，对许多企业的财税操作会产生重大影响。另外，随着我国法制环境的不断完善以及税务部门税收征管水平的日益提高，纳税人偷逃国家税款的风险（包括经济风险和刑事风险）正在逐步加大。企业需要学会更好地应对“营改增”税制改革，尽快掌握过渡期的财税政策及处理技巧，以规避纳税风险，同时通过合法的税务筹划手段来减轻自己的纳税义务。

附　录　营业税改征增值税法律法规集锦

第一章
营改增政策解读

引言

营业税改征增值税试点改革是国家实施结构性减税的一项重要举措，也是一项重大的税制改革。国家于2012年1月1日起在上海市交通运输业和部分现代服务业开展了营业税改征增值税试点改革，由此拉开了营业税改征增值税的改革大幕，同年8月，营改增试点分批扩大。按照规划，最快有望在“十二五”（2011—2015）期间完成“营改增”。

第一节　营业税改征增值税概述

“营改增”是指以前缴纳营业税的应税项目改成缴纳增值税，缴纳增值税是指对于产品或者服务的增值部分纳税，这一改革能够减少重复纳税的环节。

内容一：营改增计划

按照国家规划，我国“营改增”分为三步走，具体内容如图1-1所示。

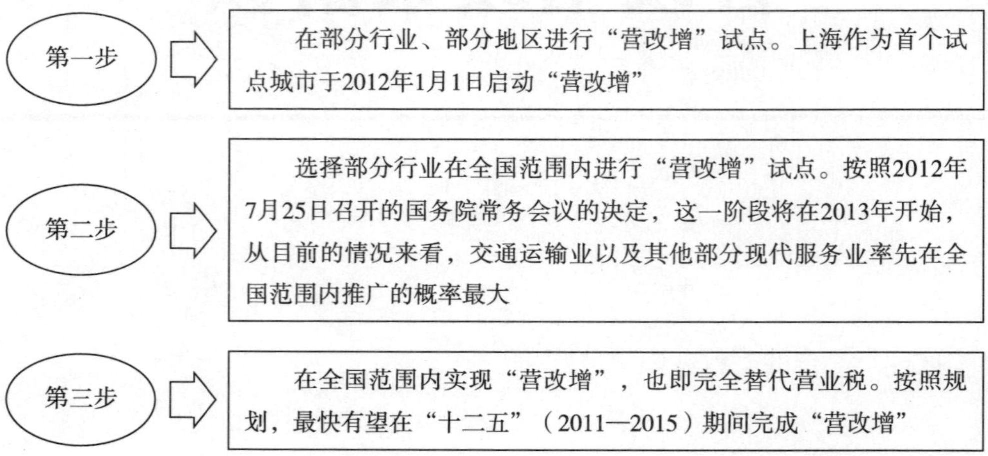

图1-1　营改增三步走

内容二：营改增的范围与时间

营改增的范围与时间如表1-1所示。

表1-1　营改增的范围与时间

序号	类别	具体说明
1	试点地区	综合考虑服务业发展状况、财政承受能力、征管基础条件等因素，先期选择经济辐射效应明显、改革示范作用较强的地区开展试点工作

（续表）

序号	类别	具体说明
2	试点行业	先在交通运输业、部分现代服务业等生产性服务业开展试点工作，再逐步推广至其他行业。时机成熟时，可选择部分行业在全国范围内进行全行业试点
3	试点时间	2012年1月1日，上海作为首个试点地区启动“营改增”改革；2012年7月25日，国务院总理温家宝主持召开国务院常务会议，决定扩大营业税改征增值税试点范围，自2012年8月1日起至年底，将交通运输业和部分现代服务业纳入营业税改征增值税试点范围，由上海市分批扩大至北京、天津、江苏、浙江、安徽、福建、湖北、广东、厦门和深圳10个省（直辖市、计划单列市）；2013年继续扩大试点地区，并选择部分行业在全国范围试点

内容三：营改增的主要税制安排

营改增主要税制安排如表1-2所示。

表1-2 营改增主要税制安排

序号	类别	具体说明
1	税率	在现行增值税17%标准税率和13%低税率基础上，新增11%和6%两档低税率。租赁有形动产等适用17%的税率，交通运输业、建筑业等适用11%的税率，其他部分现代服务业适用6%的税率
2	计税方式	交通运输业、建筑业、邮电通信业、现代服务业、文化体育业、销售不动产和转让无形资产，原则上适用增值税一般计税方法。金融保险业和生活性服务业，原则上适用增值税简易计税方法
3	计税依据	纳税人计税依据原则上为发生应税交易取得的全部收入。对一些存在大量代收转付或代垫资金的行业，其代收代垫金额可予以合理扣除
4	服务贸易进出口	服务贸易进口在国内环节征收增值税，出口实行零税率或免税制度

内容四：营改增的过渡性政策安排

营改增过渡性政策安排有以下几个方面。

（一）税收收入归属

试点期间保持现行财政体制基本稳定，原归属试点地区的营业税收入，改征增值税后收入仍归属试点地区，税款分别入库。因试点产生的财政减收，按现行财政体制由中央和地方分别负担。

（二）税收优惠政策过渡

国家给予试点行业的原营业税优惠政策可以延续，但对于通过改革能够解决重复征税问题的，予以取消。试点期间针对具体情况采取适当的过渡政策。

（三）跨地区税种协调

试点纳税人以机构所在地作为增值税纳税地点，其在异地缴纳的营业税，允许在计算缴纳增值税时抵减。非试点纳税人在试点地区从事经营活动的，继续按照现行营业税有关规定申报缴纳营业税。

（四）增值税抵扣政策的衔接

现有增值税纳税人向试点纳税人购买服务取得的增值税专用发票，可按现行规定抵扣进项税额。

内容五：营改增的指导文件

营业税改征增值税的指导文件有以下几个。

（1）《财政部　国家税务总局关于印发〈营业税改征增值税试点方案〉的通知》（财税〔2011〕110号）、《营业税改征增值税试点方案》。

（2）《交通运输业和部分现代服务业营业税改征增值税试点实施办法》（附应税服务范围注释）。

（3）《交通运输业和部分现代服务业营业税改征增值税试点有关事项的规定》。

（4）《交通运输业和部分现代服务业营业税改征增值税试点过渡政策的规定》。

此外，还包括《财政部　国家税务总局关于交通运输业和部分现代服务业营业税改征增值税试点若干税收政策的补充通知》等近20部中央及地方文件。

相关知识

营改增相关法规

序号	法规名称	主要内容
1	《财政部　国家税务总局关于在北京等8省市开展交通运输业和部分现代服务业营业税改征增值税试点的通知》（财税〔2011〕71号）	（1）试点地区：北京市、天津市、江苏省、安徽省、浙江省（含宁波市）、福建省（含厦门市）、湖北省、广东省（含深圳市） （2）试点日期：北京市应当于2012年9月1日完成新旧税制转换。江苏省、安徽省应当于2012年10月1日完成新旧税制转换。福建省、广东省应当于2012年11月1日完成新旧税制转换。天津市、浙江省、湖北省应当于2012年12月1日完成新旧税制转换
2	《财政部　国家税务总局关于在上海市开展交通运输业和部分现代服务业营业税改征增值税试点的通知》（财税〔2011〕111号）	（1）《交通运输业和部分现代服务业营业税改征增值税试点实施办法》（实施办法，附应税服务范围注释） （2）《交通运输业和部分现代服务业营业税改征增值税试点有关事项的规定》 （3）《交通运输业和部分现代服务业营业税改征增值税试点过渡政策的规定》
3	《财政部　国家税务总局关于应税服务适用增值税零税率和免税政策的通知》（财税〔2011〕131号）	《增值税零税率和免税政策的规定》
4	《财政部　国家税务总局总机构试点纳税人增值税计算缴纳暂行办法》（财税〔2011〕132号）	合并纳税
5	《财政部　国家税务总局关于交通运输业和部分现代服务业营业税改征增值税试点若干税收政策的通知》（财税〔2011〕133号）	（1）销售使用过的固定资产 （2）跨年度业务 （3）提供船舶代理服务的单位和个人，受船舶所有人、船舶经营人或者船舶承租人委托向运输服务接收方或者运输服务接收方代理人收取的运输服务收入，应当按照水路运输服务缴纳增值税

（续表）

序号	法规名称	主要内容
6	《财政部　国家税务总局关于交通运输业和部分现代服务业营业税改征增值税试点若干税收政策的补充通知》（财税〔2012〕53号）	（1）“提供船舶代理服务的单位和个人，受船舶所有人、船舶经营人或者船舶承租人委托向运输服务接收方或者运输服务接收方代理人收取的运输服务收入，应当按照水路运输服务缴纳增值税”的规定相应废止 （2）以试点实施之前购进或者自制的有形动产为标的物提供的经营租赁服务，试点期间可以选择适用简易计税方法计算缴纳增值税
7	《国家税务总局关于发布〈营业税改征增值税试点地区适用增值税零税率应税服务免抵退税管理办法（暂行）〉的公告（总局公告〔2012〕13号）》	《关于增值税零税率应税服务免抵退的规定》
8	《国家税务总局关于北京等8省市营业税改征增值税试点增值税一般纳税人资格认定有关事项的公告》（总局公告〔2012〕38号）	一般纳税人认定标准500万
9	《国家税务总局关于北京等8省市营业税改征增值税试点有关税收征收管理问题的公告》（总局公告〔2012〕42号）	发票、税控系统、运输专用发票
10	《国家税务总局关于北京等8省市营业税改征增值税试点增值税纳税申报有关事项的公告》（总局公告〔2011〕43号）	纳税申报表及其附列资料
11	《财政部关于印发〈营业税改征增值税试点有关企业会计处理规定〉的通知》（财会〔2012〕3号）	营改增后企业会计处理
12	《关于营业税改征增值税试点中文化事业建设费征收有关问题的通知》（财综〔2012〕68号）	文化事业建设费由国家税务局在征收增值税时一并征收

第二节 营改增的十大行业范围

2013年4月10日召开的国务院常务会议进一步指明了未来"营改增"改革的推进方向。而随着试点区域的扩大、试点行业的扩容，根据会议要求，自2013年8月1日起，交通运输业和部分现代服务业"营改增"试点将在全国范围内推开，并适当扩大部分现代服务业范围，将广播影视作品的制作、播映、发行等纳入试点。而在行业方面，铁路运输和邮电通信等行业未来也将择机纳入"营改增"试点，力争"十二五"期间全面完成"营改增"改革。

营改增的覆盖范围包括交通运输业和部分现代服务业。交通运输业是指使用运输工具将货物或者旅客送达目的地，使其空间位置得到转移的业务活动，包括陆路运输服务、水路运输服务、航空运输服务和管道运输服务。

现代服务业包括研发和技术服务、信息技术服务、文化创意服务、物流辅助服务、有形动产租赁服务、鉴证咨询服务。

试点范围暂不包括建筑业、邮电通信业、销售不动产、金融保险业等行业，以及餐饮、娱乐等服务业。

行业一：陆路运输服务

陆路运输服务的具体内容如下所述。

（一）定义

陆路运输服务是指通过陆路（地上或者地下）运送货物或者旅客的运输业务活动，包括公路运输、缆车运输、索道运输、其他陆路运输。

（二）把握应税范围时需重点关注之处

（1）陆路运输服务中不包括铁路运输，但包含了轨道交通运输。

（2）经营快递业务、在旅游景点经营索道业务暂不属于此次改征增值税范围。

行业二：水路运输服务

水路运输服务的具体内容如下所述。

（一）定义

水路运输服务是指通过江、河、湖、川等天然、人工水道或者海洋航道运送货物或者旅客的运输业务活动。远洋运输的程租、期租业务属于水路运输服务。

（1）程租业务是指远洋运输企业为租船人完成某一特定航次的运输任务并收取租赁费的业务。

（2）期租业务是指远洋运输企业将配备有操作人员的船舶承租给他人使用一定期限，承租期内听候承租方调遣，不论是否经营，均按天向承租方收取租赁费，发生的固定费用均由船东负担的业务。

（二）把握应税范围时需重点关注之处

（1）远洋运输的程租、期租业务，属于水路运输服务。

（2）水路运输服务不包括“港口码头服务”、“打捞救助服务”。

（3）船舶代理服务属于“货物运输代理服务”，国际船舶代理服务属于国际货物运输代理服务。船舶代理服务是指接受货物收货人、发货人、船舶所有人、船舶承租人或船舶经营人的委托，以委托人的名义或者自己的名义，在不直接提供货物运输劳务情况下，为委托人办理货物运输以及船舶进出港口、联系安排引航、靠泊和装卸等相关业务手续的业务活动。其收取的运输服务收入，应当按照水路运输服务缴纳增值税。

行业三：航空运输服务

航空运输服务的具体内容如下所述。

（一）定义

航空运输服务是指通过空中航线运送货物或者旅客的运输业务活动。

（二）把握应税范围时需重点关注之处

（1）航空运输的湿租业务属于航空运输服务。湿租业务是指航空运输企业将配备有机组人员的飞机承租给他人使用一定期限，承租期内听候承租方调遣，不论是否经营，均按一定标准向承租方收取租赁费，发生的固定费用均由承租方承担的业务。

（2）航空运输服务不包括“航空地面服务”和“通用航空服务”。

行业四：管道运输服务

管道运输服务的具体内容如下所述。

（一）定义

管道运输服务是指通过管道设施输送气体、液体、固体物质的运输业务活动。

（二）把握应税范围时需重点关注之处

铁路运输服务未纳入本次营业税改征增值税试点范畴，仍按照现行营业税规定征收营业税。

行业五：研发和技术服务

研发和技术服务包括研发服务、技术转让服务、技术咨询服务、合同能源管理服务、工程勘察勘探服务。具体内容如表1-3所示。

表1-3　研发和技术服务的范围与定义

序号	范围	范围解释	备注
1	研发服务	研发服务是指就新技术、新产品、新工艺或者新材料及其系统进行研究与试验开发的业务活动	
2	技术转让服务	技术转让服务是指转让专利或者非专利技术的所有权或者使用权的业务活动	
3	技术咨询服务	技术咨询服务是指转让方（受托方）根据技术转让或开发合同的规定，为帮助受让方（委托方）掌握所转让（委托开发）的技术，而提供的技术咨询、技术服务业务，且这部分技术咨询、服务的价款与技术转让（开发）的价款应当开在同一张发票上	技术培训服务（包括各种专业技术的培训、推广和传授）按照“技术咨询”征收增值税
4	合同能源管理服务	合同能源管理服务是指节能服务公司与用能单位以契约形式约定节能目标，节能服务公司提供必要的服务，用能单位以节能效果支付节能服务公司投入及其合理报酬的业务活动	
5	工程勘察勘探服务	工程勘察勘探服务是指在采矿、工程施工以前，对地形、地质构造、地下资源蕴藏情况进行实地调查的业务活动	

行业六：信息技术服务

信息技术服务是指利用计算机、通信网络等技术对信息进行生产、收集、处理、加工、存储、运输、检索和利用，并提供信息服务的业务活动，包括软件服务、电路设计及测试服务、信息系统服务和业务流程管理服务。具体内容如表1-4所示。

表1-4　信息技术服务的范围与解释

序号	范围	解释
1	软件服务	软件服务是指提供软件开发服务、软件咨询服务、软件维护服务、软件测试服务的业务行为

（续表）

序号	范围	解释
2	电路设计及测试服务	电路设计及测试服务是指提供集成电路和电子电路产品设计、测试及相关技术支持服务的业务行为
3	信息系统服务	信息系统服务是指提供信息系统集成、网络管理、桌面管理与维护、信息系统应用、基础信息技术管理平台整合、信息技术基础设施管理、数据中心、托管中心、安全服务的业务行为
4	业务流程管理服务	业务流程管理服务是指依托计算机信息技术提供的人力资源管理、财务经济管理、金融支付服务、内部数据分析、呼叫中心和电子商务平台等服务的业务活动

行业七：文化创意服务

文化创意服务包括设计服务、商标著作权转让服务、知识产权服务、广告服务和会议展览服务。具体内容如表1-5所示。

表1-5　文化创意服务的范围与解释

序号	范围	解释	备注
1	设计服务	设计服务是指把计划、规划、设想通过视觉、文字等形式传递出来的业务活动，包括工业设计、造型设计、服装设计、环境设计、平面设计、包装设计、动漫设计、展示设计、网站设计、机械设计、工程设计、创意策划等	注意区分“设计服务”与电路设计、广告设计，各自归属不同的应税项目。电路设计属“电路设计及测试服务”；广告设计属“广告服务” 随同理发及美容服务一并提供的发型设计，不属于“设计服务”范围，不征收增值税
2	商标著作权转让服务	商标著作权转让服务是指转让商标、商誉和著作权的业务活动	注意“商标著作权转让服务”应税项目中，除“商标”、“著作权”转让外，还包括“商誉”转让服务、“特许经营权”转让服务 “商标著作权转让服务”中有关“著作权”按照《中华人民共和国著作权法》关于“著作权”的解释执行

（续表）

序号	范围	解释	备注
3	知识产权服务	知识产权服务是指处理知识产权事务的业务活动，包括对专利、商标、著作权、软件、集成电路布图设计的代理、登记、鉴定、评估、认证、咨询、检索服务	
4	广告服务	广告服务是指利用图书、报纸、杂志、广播、电视、电影、幻灯、路牌、招贴、橱窗、霓虹灯、灯箱、互联网等各种形式为客户的商品、经营服务项目、文体节目或者通告、声明等委托事项进行宣传和提供相关服务的业务活动。包括广告的策划、设计、制作、发布、播映、宣传、展示等	“广告代理服务”按照“广告服务”征收增值税
5	会议展览服务	会议展览服务是指为商品流通、促销、展示、经贸洽谈、民间交流、企业沟通、国际往来等举办的各类展览和会议的业务活动	“会议展览代理服务”按照“会议展览服务”征收增值税

行业八：物流辅助服务

物流辅助服务包括航空服务、港口码头服务、货运客运场站服务、打捞救助服务、货物运输代理服务、代理报关服务、仓储服务和装卸搬运服务。具体内容如表1-6所示。

表1-6　物流辅助服务的范围及解释

序号	范围		解释	备注
1	航空服务	航空地面服务	航空地面服务是指航空公司、飞机场、民航管理局、航站等向在我国境内航行或者在我国境内机场停留的境内外飞机或者其他飞行器提供的导航等劳务性地面服务的业务活动。包括旅客安全检查服务、停机坪管理服务、机场候机厅管理服务、飞机清洗消毒服务、空中飞行管理服务、飞机起降服务、飞行通信服务、地面信号服务、飞机安全服务、飞机跑道管理服务、空中交通管理服务等	

（续表）

序号	范围		解释	备注
1	航空服务	通用航空服务	通用航空服务是指为专业工作提供飞行服务的业务活动，包括航空摄影、航空测量、航空勘探、航空护林、航空吊挂播洒、航空降雨等	
2	港口码头服务		港口码头服务是指港务船舶调度服务、船舶通信服务、航道管理服务、航道疏浚服务、灯塔管理服务、航标管理服务、船舶引航服务、理货服务、系解缆服务、停泊和移泊服务、海上船舶溢油清除服务、水上交通管理服务、船只专业清洗消毒检测服务和防止船只漏油服务等为船只提供服务的业务活动	船舶代理服务按照港口码头服务缴纳增值税
3	货运客运场站服务		货运客运场站服务是指货运客运场站（不包括铁路运输）提供的货物配载服务、运输组织服务、中转换乘服务、车辆调度服务、票务服务和车辆停放服务等业务活动	“货运客运场站”不包括铁路运输的货运客运场站
4	打捞救助服务		打捞救助服务是指提供船舶人员救助、船舶财产救助、水上救助和沉船沉物打捞服务的业务活动	
5	货物运输代理服务		货物运输代理服务是指接受货物收货人、发货人的委托，以委托人的名义或者以自己的名义，在不直接提供货物运输劳务的情况下，为委托人办理货物运输及相关业务手续的业务活动	“货物运输代理服务”应注意“不直接提供货物运输劳务”要件。如果纳税人“直接提供货物运输劳务”，则不属于“货物运输代理服务” 提供货物运输代理服务的纳税人，取得的货物运输代理服务收入，在开具增值税专用发票时，其“货物或应税劳务名称”不得开具“运费”等运输服务收入的名称
6	代理报关服务		代理报关服务是指接受进出口货物的收、发货人委托，代为办理报关手续的业务活动	“代理报关服务”仅限于“代为办理报关手续”的业务活动

（续表）

序号	范围	解释	备注
7	仓储服务	仓储服务是指利用仓库、货场或者其他场所代客贮放、保管货物的业务活动	
8	装卸搬运服务	装卸搬运服务是指使用装卸搬运工具或人力、畜力将货物在运输工具之间、装卸现场之间或者运输工具与装卸现场之间进行装卸和搬运的业务活动	搬家公司提供的“搬家业务”按照“装卸搬运服务”征收增值税。对搬家公司承揽的“货物运输业务”，按照“交通运输业”征收增值税

行业九：有形动产租赁服务

有形动产租赁包括有形动产融资租赁和有形动产经营性租赁。具体内容如表1-7所示。

表1-7 有形动产租赁服务的范围与解释

序号	范围	解释	备注
1	有形动产融资租赁	有形动产融资租赁是指具有融资性质和所有权转移特点的有形动产租赁业务活动，即出租人根据承租人所要求的规格、型号、性能等条件购入有形动产并租赁给承租人，合同期内设备所有权属于出租人，承租人只拥有使用权，合同期满付清租金后，承租人有权按照残值购入有形动产，以拥有其所有权	不论出租人是否将有形动产残值销售给承租人，均属于融资租赁
2	有形动产经营性租赁	有形动产经营性租赁是指在约定时间内将物品、设备等有形动产转让他人使用且租赁物所有权不变更的业务活动	远洋运输的光租业务、航空运输的干租业务属于有形动产经营性租赁

相关知识

光租业务与干租业务

光租业务是指远洋运输企业将船舶在约定的时间内出租给他人使用，不配备操作人员，不承担运输过程中发生的各项费用，只收取固定租赁费的业务活动。

干租业务是指航空运输企业将飞机在约定的时间内出租给他人使用，不配备机组人员，不承担运输过程中发生的各项费用，只收取固定租赁费的业务活动。

行业十：鉴证咨询服务

鉴证咨询服务包括认证服务、鉴证服务和咨询服务。具体内容如表1-8所示。

表1-8 鉴证咨询服务的范围与解释

序号	范围	解释	备注
1	认证服务	认证服务是指具有专业资质的单位利用检测、检验、计量等技术，证明产品、服务、管理体系符合相关技术规范、相关技术规范的强制性要求或者标准的业务活动	
2	鉴证服务	鉴证服务是指具有专业资质的单位，为委托方的经济活动及有关资料进行鉴证，发表具有证明力的意见的业务活动，包括会计、税务、资产评估、律师、房地产土地评估、工程造价的鉴证	
3	咨询服务	咨询服务是指提供和策划财务、税收、法律、内部管理、业务运作和流程管理等信息或者建议的业务活动	要注意区分“咨询服务”与技术咨询服务、软件咨询服务、知识产权咨询服务，它们各自归属不同的应税项目。技术咨询服务属“研发和技术服务”；软件咨询服务属“信息技术服务”；知识产权咨询服务属“文化创意服务” “咨询服务”包括除《范围注释》已列明的技术咨询服务、软件咨询服务、知识产权咨询服务以外的，各类提供“信息或者建议”的经济咨询和专业咨询服务

第三节　纳税人和扣缴义务人

内容一：纳税人和扣缴义务人

（一）纳税人

在中华人民共和国境内（以下称境内）提供交通运输业和部分现代服务业服务（以下称应税服务）的单位和个人（如图1-2）为增值税纳税人。纳税人提供应税服务，应当按照本办法缴纳增值税，不再缴纳营业税。

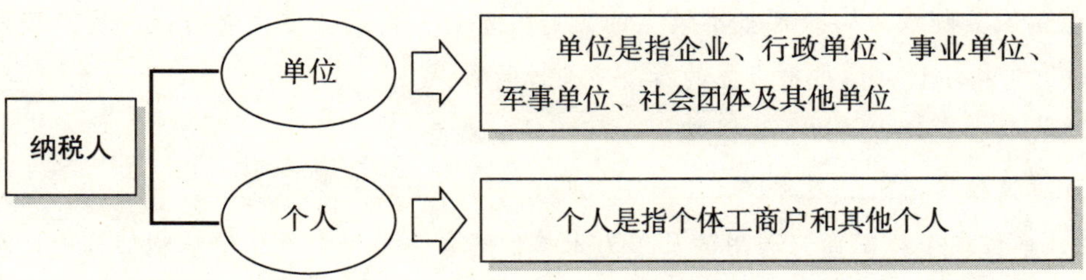

图1-2　纳税人构成

相关知识

应税服务

应税服务是指有偿提供应税服务。

一、有偿

有偿是指取得货币、货物或者其他经济利益。有偿是确立提供交通运输业和部分现代服务业服务行为是否缴纳增值税的条件之一。

货币和货物都比较好理解，对于有偿的范围界定将直接影响一项劳务是否征税的判定。货币形式包括现金、存款、应收账款、应收票据、准备持有至到期的债券投资以及债务的豁免等。非货币形式包括固定资产、生物资产、无形资产、股权投资、存货、不准备持有至到期的债券投资、劳务以及有关权益等。

二、非营业活动排除在应征增值税应税服务之外

非营业活动中提供的交通运输业和部分现代服务业服务不属于提供应税服务。非营业活动是指以下几个方面的活动。

1．非企业性单位按照法律和行政法规的规定，为履行国家行政管理和公共服务职能收取政府性基金或者行政事业性收费的活动。

（1）主体为非企业性单位。非企业性单位是指行政单位、事业单位、军事单位、社会团体及其他单位。

（2）必须是为了履行国家行政管理和公共服务职能。不是为履行国家行政管理和公共服务职能的，应属试点实施办法规定的应征增值税的劳务范围。

（3）所获取收入的性质是政府性基金或者行政事业性收费，这里所指的政府性基金或者行政事业性收费应当同时符合下列条件：

①由国务院或者财政部批准设立的政府性基金，由国务院或者省级人民政府及其财政、价格主管部门批准设立的行政事业性收费；

②收取时开具省级以上财政部门印制的财政票据；

③所收款项全额上缴财政。

2．单位或个体工商户聘用的员工为本单位或雇主提供交通运输业和部分现代服务业服务，虽然发生有偿行为但不属于应税服务的增值税征收范围，即自我服务不征收增值税。对于这条规定，可以从以下两个方面来理解。

（1）只有单位或个体工商户聘用的员工为本单位或者雇主提供服务才不缴纳应税服务的增值税。

（2）员工为本单位或者雇主提供的应税服务不需要缴纳增值税，应限定为其提供的职务性劳务。

3．单位或者个体工商户为员工提供交通运输业和部分现代服务业服务，即使发生有偿行为，也不属于应征增值税的劳务范围。

（二）扣缴义务人

中华人民共和国境外（以下称境外）的单位或者个人在境内提供应税服务，在境内未设有经营机构的，以其代理人为增值税扣缴义务人；在境内没有代理人的，以接收方为增值税扣缴义务人。

1．对境内的理解

在境内提供应税服务是指应税服务提供方或者接受方在境内。下列情形不属于在境内提供应税服务（如图1-3）。

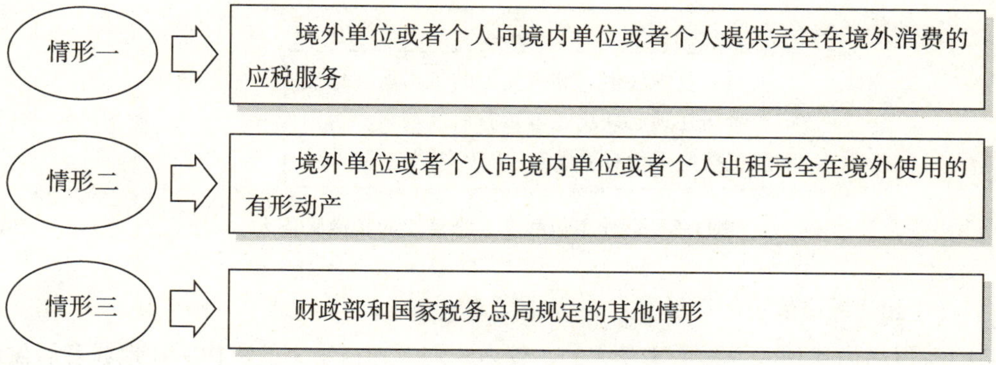

图1-3　不属于在境内提供应税服务的情形

判断境内外收入要坚持两个原则，如图1-4所示。

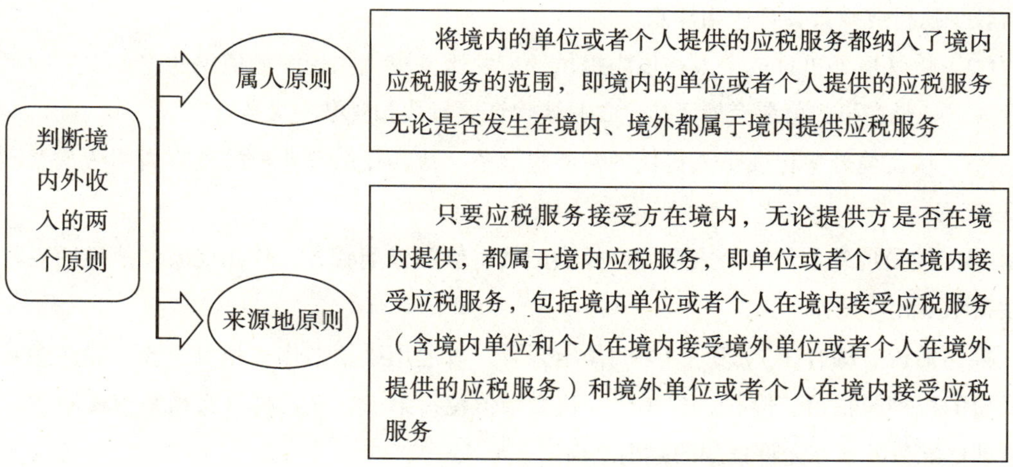

图1-4　判断境内外收入的两个原则

向本市单位和个人提供应税服务的境外单位和个人也属于试点范围纳税人，其代理人或境内的接受方应对其代扣代缴应税服务的增值税。境外单位和个人增值税的扣缴义务人如图1-5所示。

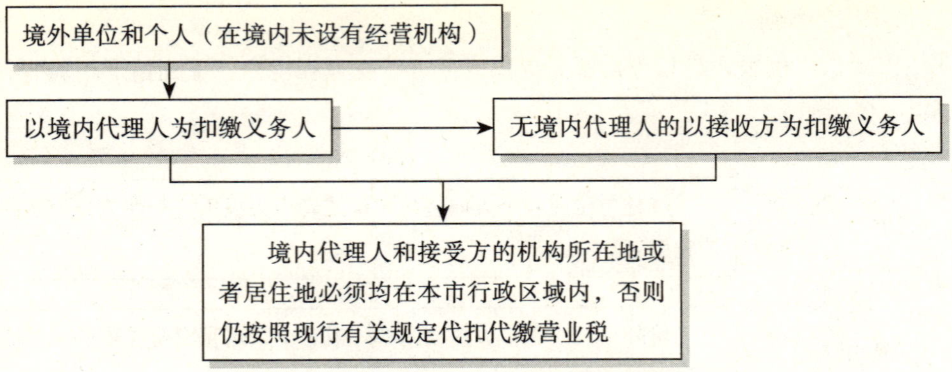

图1-5　境外单位和个人增值税的扣缴义务人

2．代扣代缴增值税的情形

（1）以境内代理人为扣缴义务人的，境内代理人和接受方的机构所在地或者居住地均在试点地区。

（2）以接受方为扣缴义务人的，接受方的机构所在地或者居住地在试点地区。

不符合上述情形的，仍按照现行营业税有关规定代扣代缴营业税。

3．代扣代缴税收通用缴款书

（1）接受境外单位或个人在境内提供的加工修理修配劳务，也应代扣代缴增值税，但以前较少执行此政策，现应当注意。

（2）接受境外单位或个人在境内提供的应税服务应代扣代缴增值税的情形发生的可能性较大，一是在事先就要有所考虑，二是要保证履行代扣代缴的义务。

（3）接受境外单位或个人提供的营业税服务，代扣代缴营业税的税收通用缴款书不允许抵扣。

（4）接受境外单位或个人在境内提供的加工修理修配劳务，代扣代缴增值税的税收通用缴款书不允许抵扣。

换句话说，综合（3）和（4）的规定来看，以通用缴款书作为扣税凭证，需注意其代扣代缴的税种及税目。第一，应是代扣代缴增值税；第二，涉及税目必须是应税服务，加工修理修配劳务不在允许抵扣的范围之内。

相关知识

承包、承租、挂靠经营方式下纳税人的确定

一、承包、承租、挂靠经营方式的概念和特征

1．承包经营企业

承包经营企业是指发包方在不改变企业所有权的前提下，将企业发包给经营者

承包，经营者以企业名义从事经营活动，并按合同分享经营成果。

2. 承租经营企业

承租经营企业是指在所有权不变的前提下，出租方将企业租赁给承租方经营，承租方向出租方交付租金并对企业实行自主经营，在租赁关系终止时，返还所租财产。

3. 挂靠经营

挂靠经营是指企业、合伙组织、个体户或者自然人与另外的一个经营主体达成依附协议，然后依附的企业、个体户或者自然人将其经营的财产纳入被依附的经营主体名下，并对外以该经营主体的名义进行独立核算。

二、承包、承租、挂靠经营方式下的纳税人的界定

单位以承包、承租、挂靠方式经营的，以发包人为纳税人必须同时满足以下两个条件：

（1）以发包人名义对外经营；

（2）由发包人承担相关法律责任。

如果不能同时满足上述两个条件，以承包人为纳税人。

内容二：纳税人的分类管理

试点纳税人分为一般纳税人和小规模纳税人。一般纳税人与小规模纳税人的划分以增值税年应税销售额及会计核算制度是否健全为主要标准。一般纳税人和小规模纳税人在计税方法、凭证管理等方面都有所不同，如表1-9所示。

表1-9　一般纳税人和小规模纳税人

纳税人情况	纳税人类型
达标的企业（不经常提供应税服务的除外）	一般纳税人
其他个人	小规模纳税人
达标的非企业性单位、不经常提供应税服务的企业和个体工商户	可选择成为一般纳税人或小规模纳税人
会计核算健全，能够提供准确税务资料的未达标企业	可申请认定为一般纳税人

应税服务的年销售额超过500万元的纳税人为增值税一般纳税人。

应税服务的年销售额是指纳税人在连续不超过12个月的经营期内提供交通运输和部分现代服务累计取得的销售额，包括减、免税销售额和提供境外服务销售额。

【实例】

某现代服务业企业，2012年销售收入为550万元，销售额=550/（1+6%）=519万元>500万元销售额超过500万元的现代服务业企业就应该申请增值税一般纳税人资格认定。

特别提示

随着试点工作的开展，财政部和国家税务总局将根据试点工作的需要，对小规模纳税人的应税服务年销售额标准进行调整。

内容三：一般纳税人的认定

（一）认定条件（同现行一般纳税人认定规定）

营改增后一般纳税人的认定条件与现行一般纳税人认定规定一样。

（1）有固定的生产经营场所。

（2）能够按照国家统一的会计制度规定设置账簿。根据合法、有效凭证核算，能够提供准确的税务资料。

相关知识

纳税辅导期管理

营业税改征增值税的试点一般纳税人不实行纳税辅导期管理。试点一般纳税人发生增值税偷税、骗税、虚开增值税扣税凭证等行为的，可以实行纳税辅导期管理，期限不少于6个月。

纳税辅导期结束后，纳税人因增购专用发票发生的预缴增值税有余额的，主管税务机关应在纳税辅导期结束后的第一个月内，一次性退还纳税人。

一般纳税人辅导期期满前，由主管税务机关主动发起转正审批。经主管税务机关审核未发现存在偷税、逃避追缴欠税、骗取出口退税、抗税或其他需要立案查处的税收违法行为的，从辅导期满的次月起，解除辅导期，按增值税一般纳税人管理。审核发现纳税人存在偷税、逃避追缴欠税、骗取出口退税、抗税或其他需要立案查处的税收违法行为的，从辅导期满的次月起，重新按照总局《增值税一般纳税人纳税辅导期管理办法》（国税发〔2010〕40号）规定，实行期限为6个月纳税辅导期管理。

（二）一般纳税人资格认定的特别规定

一般纳税人资格认定的特别规定有以下几点。

（1）提供应税服务的年销售额超过小规模纳税人年销售额标准的其他个人，仍按照小规模纳税人纳税；非企业性单位、不经常提供应税服务的企业可选择按照小规模纳税人纳税。

（2）小规模纳税人能够按照国家统一的会计制度规定设置账簿，根据合法、有效凭证核算，能够提供准确税务资料的，可以向主管税务机关申请一般纳税人资格认定，成为一般纳税人。

（3）除国家税务总局另有规定外，一经认定为一般纳税人后，不得转为小规模纳税人。

（4）有下列情形之一者，应当按照销售额和增值税税率计算应纳税额，不得抵扣进项税额，也不得使用增值税专用发票。

①一般纳税人会计核算不健全，或者不能够提供准确税务资料的。

②试点纳税人年销售额超过小规模纳税人年销售额标准，未申请一般纳税人资格认定的。

特别提示

是否做到“会计核算健全”和“能够准确提供税务资料”，由小规模纳税人的主管税务机关来认定。

（三）本次税改一般纳税人资格认定的特别规定

（1）对于本市原公路、内河货物运输业的自开票纳税人，无论其提供应税服务的年销售额是否达到500万元，均应当申请认定为一般纳税人。

（2）因销售货物和提供加工修理修配劳务已被认定为一般纳税人，不需重新申请认定。

（3）本市提供公共交通运输服务（包括轮客渡、公交客运、轨道交通、出租车）的纳税人，其提供应税服务的年销售额超过500万元，可以选择按照简易计税方法计算缴纳增值税。

特别提示

一般纳税人提供财政部和国家税务总局规定的特定应税服务，可以选择适用简易计税方法计税，但一经选择，在36个月内不得变更。

（四）不认定一般纳税人的条件

应税服务年销售额超过规定标准的其他个人不属于一般纳税人。不认定应符合以下条件之一。

（1）非企业性单位。

（2）不经常提供应税服务的企业。

（3）个体工商户可选择按照小规模纳税人纳税。

（五）混业经营纳税人的认定标准

以下两种情况均应认定为一般纳税人，且一经认定，所有销售额均适用一般计税方法，不得对未达标部分单独适用简易计税方法。

（1）货物销售、加工修理修配劳务+应税服务

↓ ↓

超过50/80万　　未超过500万

（2）货物销售、加工修理修配劳务+应税服务

↓ ↓

未超过50/80万　　超过500万

相关知识

混业经营

1．定义

试点纳税人兼有不同税率或者征收率的销售货物、提供加工修理修配劳务或者应税服务。

2. 核算要求（《试点有关事项的规定》）

纳税人应分别核算，否则从高适用税率或征收率。

（1）兼有不同税率的销售货物、提供加工修理修配劳务或者应税服务的，从高适用税率。

（2）兼有不同征收率的销售货物、提供加工修理修配劳务或者应税服务的，从高适用征收率。

（3）兼有不同税率和征收率的销售货物、提供加工修理修配劳务或者应税服务的，从高适用税率。

3. 混业经营（兼有）与混合销售、兼营之间的区别。混业经营（兼有）：企业经营行为涉及应征增值税的不同项目；混合销售：企业一项经营行为既涉及增值税应税项目又涉及营业税应税项目（营改增后）；兼营：企业的经营行为既涉及增值税应税项目又涉及营业税应税项目（营改增后）。

符合一般纳税人条件的纳税人应当向主管税务机关申请一般纳税人资格认定。

特别提示

除国家税务总局另有规定外，一经认定为一般纳税人后，不得转为小规模纳税人。纳税人销售额超过小规模纳税人标准，未申请办理一般纳税人认定手续的，应按销售额依照增值税税率计算应纳税额，不得抵扣进项税额，也不得使用增值税专用发票（《增值税暂行条例实施细则》第三十四条、《交通运输业和部分现代服务业营业税改征增值税试点实施办法》第二十九条）。

超标纳税人需填写《营业税改征增值税纳税人缴纳营业税期间营业收入确认通知》、“增值税一般纳税人申请认定表”。未按规定期限报送《确认通知》的，视为不确认为超标纳税人；未按规定如实进行确认的，承担相应的法律责任。

第四节　税率和征收率

内容一：税率

此次“营改增”共设四档税率，其中新增了两档税率（11%和6%）。

（1）有形动产租赁服务：17%。

（2）交通运输业：11%。

（3）部分现代服务业（有形动产租赁除外）：6%。

（4）财政部和国家税务总局规定的应税服务，税率为零。

零税率的征税项目主要涉及跨境提供应税服务的行为，如国际运输服务等。

部分项目难以从海关取得监管信息，因此适用免税政策，如境外工程勘探、境外会展服务等。

内容二：征收率

征收率是指应税服务在某一征税环节的应纳税额与计税依据的比率。征收率为3%，主要适用于以下两种纳税人：

（1）小规模纳税人；

（2）一般纳税人提供公共交通运输服务，选择按简易计税方法计算缴纳增值税的。

试点纳税人中的一般纳税人提供的公共交通运输服务（包括轮客渡、公交客运、轨道交通、出租车），可以选择按照简易计税方法计算缴纳增值税。

内容三：零税率

纳税人发生适用零税率的应税服务，在满足纳税义务发生时间有关规定以及国家对应税服务出口设定的有关条件后，免征其出口应税服务的增值税。

第五节　应纳税额的计算

内容一：关于计税的基本规定

（一）增值税的两种计税方法

增值税的计税方法包括一般计税方法和简易计税方法，如图1-6所示。

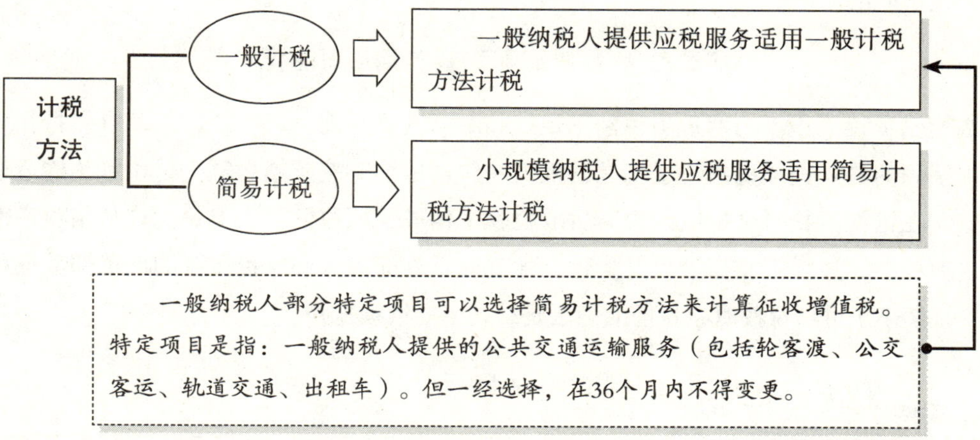

图1-6　增值税的两种计税方法

（二）关于境外单位或者个人在境内提供应税服务的扣缴要求

境外单位或者个人在境内提供应税服务，在境内未设有经营机构的，扣缴义务人按照下列公式计算应扣缴税额：

应扣缴税额＝接受方支付的价款÷（1+税率）×税率

【实例】

如境外公司为试点地区纳税人A提供系统支持、咨询服务，合同价款106万元，该境外公司在试点地区有经营机构，则该经营机构应当扣缴的税额计算如下：

应扣缴增值税=106÷（1+6%）×6%=6（万元）

特别提示

对接受应税服务方支付价款为含税价格，在计算应扣缴税额时，应转换为不含税价格；在计算应扣缴税款时使用的税率应当为所发生应税服务的适用税率，不区分试点纳税人是增值税一般纳税人或者小规模纳税人。

内容二：一般计税方法

一般计税方法的应纳税额是指当期销项税额抵扣当期进项税额后的余额。应纳税额的计算公式如下：

应纳税额=当期销项税额−当期进项税额

当期销项税额小于当期进项税额不足抵扣时，其不足部分可以结转下期继续抵扣。目前我国采用的是购进扣税法，也就是纳税人在购进货物时按照销售额支付税款（构成进项税额），在销售货物时也按照销售额收取税款（构成销项税额），但是允许从销项税额中扣除进项税额，这样就相当于仅对货物、加工修理修配劳务和应税服务的增值部分征税。当销项税额小于进项税额时，目前的做法是结转下期继续抵扣。

【实例】

如某试点地区一般纳税人2012年3月取得交通运输收入111万元（含税），当月外购汽油10万元，购入运输车辆20万元（不含税金额，取得增值税专用发票），发生的联运支出50万元（不含税金额，试点地区纳税人提供，取得专用发票）。

该纳税人2012年3月应纳税额如下：

应纳税额=111÷（1＋11%）×11%−10×17%−20×17%−50×11%＝11−1.7−3.4−5.5=0.4（万元）。

1．销项税额

销项税额是指纳税人提供应税服务按照销售额和增值税税率计算的增值税额。销项税额的计算公式为：

销项税额=销售额×税率

确定一般纳税人应税服务的销售额时，可能会遇到一般纳税人由于销售对象的不同、开具发票种类的不同而将销售额和销项税额合并定价的情况。对此，《交通运输业和部分现代服务业营业税改征增值税试点实施办法》第二十条规定，一般纳税人销售货物或者应税服务，采用销售额和销项税额合并定价方法的，按照销售额＝含税销售额÷（1+税率）

计算销售额。

特别提示

应税服务原征收营业税时，纳税人根据实际取得的价款确认营业收入，按照营业收入和营业税率的乘积确认应交营业税。在应税服务征收增值税后，一般纳税人取得的含税销售额，先进行价税分离后变成不含税销售额确认销售收入，再根据不含税销售额与税率之间的乘积确认销项税额。

2. 进项税额

纳税人购进货物、加工修理修配劳务或接受应税服务所支付或者负担的增值税额为进项税额。进项税额有以下三个方面的意义。

（1）是增值税一般纳税人，才涉及进项税额的抵扣问题。

（2）产生进项税额的行为是纳税人购进货物或者接受加工修理修配劳务和应税服务。

（3）是购买方或者接受方支付或者负担的增值税额。

对纳税人会计核算而言，部分应税服务改征增值税后，其核算进项税额的情况也发生了一定的变化。在原会计核算下，试点纳税人取得的票据凭证直接计入主营业务成本（或营业成本），在新会计核算下，试点纳税人取得的增值税专用发票根据发票注明的价款计入主营业务成本（或营业成本），发票上注明的增值税额计入应交税金——应交增值税（进项税额），如表1-10所示。

表1-10　可抵扣的进项税额

涉及业务	增值税扣税凭证	抵扣额	备注
境内增值税业务	增值税专用发票	增值税额	试点纳税人接受试点纳税人中的小规模纳税人提供的交通运输业服务，按照取得的增值税专用发票上注明的价税合计金额和7%的扣除率计算进项税额
进口业务	海关进口增值税专用缴款书	增值税额	
购进农产品	农产品收购发票或者销售发票	进项税额=买价×扣除率（13%）	除取得增值税专用发票或者海关进口增值税专用缴款书外，按照农产品收购发票或者销售发票上注明的农产品买价和13%的扣除率计算的进项税额

（续表）

涉及业务	增值税扣税凭证	抵扣额	备注
接受交通运输业服务	运输费用结算单据	进项税额=运输费用金额×扣除率（7%）	（1）运输费用（含铁路临管线、铁路专线运输费用）、建设基金；不包括装卸费、保险费等其他杂费 （2）增值税纳税人从试点地区取得的2012年1月1日（含）以后开具的运输费用结算单据（铁路运输费用结算单据除外），不得作为增值税扣税凭证
接受境外单位或者个人提供的应税服务	税收通用缴款书	增值税额	纳税人凭通用缴款书抵扣进项税额的，应当备书面合同、付款证明和境外单位的对账单或者发票，资料不全的，其进项税额不得从销项税额中抵扣

不得抵扣的进项税额如表1-11所示。

表1-11　不得抵扣的进项税额

序号	不得抵扣的进项税额	备注
1	用于适用简易计税方法计税项目、非增值税应税项目、免征增值税（以下简称免税）项目、集体福利或者个人消费的购进货物、接受的加工修理修配劳务或者应税服务。其中涉及的固定资产、专利技术、非专利技术、商誉、商标、著作权、有形动产租赁，仅指专用于上述项目的固定资产、专利技术、非专利技术、商誉、商标、著作权、有形动产租赁	（1）非增值税应税项目是指非增值税应税服务、转让无形资产（专利技术、非专利技术、商誉、商标、著作权除外）、销售不动产以及不动产在建工程 （2）不动产是指不能移动或者移动后会引起性质、形状改变的财务，包括建筑物、构筑物和其他土地附着物。纳税人新建、改建、扩建、修缮、装饰不动产均属于不动产在建工程 （3）个人消费包括纳税人的交际应酬费用 （4）固定资产是指使用期限超过12个月的机器、机械、运输工具以及其他与生产经营有关的设备、工具、器具等
2	非正常损失的购进货物及相关的加工修理修配劳务和交通运输业服务 非正常损失的在产品、产成品所耗用的购进货物（不包括固定资产）、加工修理修配劳务或者交通运输业服务	非正常损失是指因管理不善造成被盗、丢失、霉烂变质的损失，以及被执法部门依法没收或者强令销毁的货物
3	接受的旅客运输劳务	

（续表）

序号	不得抵扣的进项税额	备注
4	自用的应征消费税的摩托车、汽车、游艇。但作为提供交通运输业服务的运输工具和租赁服务标的物的除外	作为提供交通运输业服务的运输工具和租赁服务标的物的除外

特别提示

我国现行增值税管理实行的是购进扣税法，凭发票抵扣。试点纳税人必须注重对相关抵扣凭证的管理，特别是在外购货物和劳务时，要及时向销售方索取符合规定的扣税凭证，并按规定的要求和时限，做好抵扣凭证的保管、认证、抵扣工作。如果纳税人不索取增值税专用发票等扣税凭证，进项税额不得抵扣，将增加纳税人的税收负担。

试点纳税人提供的应税服务适用销售额特别规定的，如果在试点区域购买应税服务，不索取增值税专用发票等扣税凭证，不得适用销售额特别处理规定。

相关知识

关于增值税扣税凭证抵扣期限

一、增值税扣税凭证抵扣期限规定

1．增值税专用发票

增值税一般纳税人取得的增值税专用发票（包括：《增值税专用发票》、《货物运输业增值税专用发票》、《机动车销售统一发票》），应在开具之日起180日内到税务机关办理认证，并在认证通过的次月申报期内向主管税务机关申报抵扣进项税额。

2．公路内河货物运输业统一发票

增值税一般纳税人取得的公路内河货物运输业统一发票，应在开具之日起180日内到税务机关办理认证，并在认证通过的次月申报期内，向主管税务机关申报抵扣进项税额。接受非试点地区的单位和个人提供的交通运输劳务，取得其开具的运输费用结算单据。

从试点地区取得的试点实施之后开具的运输费用结算单据（铁路运输费用结算单据除外），不得作为增值税扣税凭证。

3. 海关进口增值税专用缴款书

增值税一般纳税人取得的海关缴款书，应在开具之日起180日后的第一个纳税申报期结束以前，向主管税务机关申报抵扣进项税额。纳税人应根据申报抵扣的相关海关缴款书逐票填写《海关完税凭证抵扣清单》，在进行增值税纳税申报时，将《海关完税凭证抵扣清单》纸质资料和电子数据随同纳税申报表一并报送。

4. 未在规定期限内认证或者申报抵扣的情况

增值税一般纳税人取得的增值税专用发票（包括《增值税专用发票》、《货物运输业增值税专用发票》、《机动车销售统一发票》）、公路内河货物运输业统一发票以及海关缴款书，未在规定期限内到税务机关办理认证或者申报抵扣的，不得作为合法的增值税扣税凭证，不得计算进项税额抵扣。

二、未设定抵扣期限相关增值税扣税凭证

（1）购进农产品取得的收购发票或者销售发票。

（2）接受境外单位或个人提供的应税服务，从税务机关或者境内代理人取得的解缴税款的中华人民共和国通用税收缴款书。

（3）接受铁路运输劳务，以及接收非试点地区的纳税人提供的航空运输、管道运输和海洋运输劳务，取得的运输费用结算单据。纳税人申报抵扣上述运输费用结算单据的，应按照要求填写《增值税运输发票抵扣清单》，随同其他申报资料进行申报。

3. 抵扣分不清的怎么办

适用于一般计税方法的纳税人，兼营简易计税方法计税项目、非增值税应税服务、免征增值税项目而无法划分不得抵扣的进项税额的，按照下列公式计算不得抵扣的进项税额：

不得抵扣的进项税额=当期无法划分的全部进项税额×（当期简易计税方法计税项目销售额+非增值税应税劳务营业额+免税增值税项目销售额）÷（当期全部销售额+当期全部营业额）

主管税务机关可以按照上述公式依据年度数据对不得抵扣的进项税额进行清算。

4. 扣减进项税额应按当期实际成本的原则

由于经营情况复杂，纳税人有时会先抵扣进项税额，然后发生不得抵扣进项税额的情形，例如将购进货物申报抵扣后，又将其分配给本单位员工作为福利。为了保持征扣税一致，就必须规定相应的进项税额应当从已申报的进项税额中予以扣减。对于无法确定的进项税额，则统一按照当期实际成本来扣减。

特别提示

扣减进项税额的计算依据不是按该货物、应税服务或者应税服务的原来的进价，而是按发生上述行为的当期实际成本计算。实际成本是企业在取得各项财产时付出的采购成本、加工成本以及达到目前场所和状态所发生的其他成本，是相对于历史成本的一个概念。

【实例】

试点地区某运输企业2012年1月购入一辆车作为运输工具，车辆不含税价格为30万元，增值税专用发票上注明的增值税款为5.1万元，企业对增值税发票进行了认证抵扣。2013年12月，由于经营需要，运输企业将车辆作为接送员工上下班的工具使用。车辆折旧期限为5年，采用直线法折旧。该运输企业需将原已抵扣的进项税额按照实际成本进行扣减，扣减的进项税额为5.1÷5×3=3.06（万元）。

特别提示

对一般纳税人会计核算不健全，或者不能够提供准确税务资料的，对试点纳税人销售额超过小规模纳税人标准，未申请办理一般纳税人认定手续的，要按销售额依照增值税税率计算应纳税额，不得抵扣进项税额，也不得使用增值税专用发票。

内容三：简易计税方法

（一）应纳税额的计算公式

简易计税方法的应纳税额是指按照销售额和增值税征收率计算的增值税额，不得抵扣进项税额。应纳税额计算公式如下：

应纳税额=销售额×征收率

（二）销售额的确定

1. 计算公式

简易计税方法的销售额不包括其应纳税额，纳税人采用销售额和应纳税额合并定价方法的，按下列公式计算销售额：

销售额=含税销售额÷（1+征收率）

【实例】

某试点纳税人某项交通运输服务含税销售额为100元，在计算时应先扣除税额，即不含税销售额=100÷（1+3%）=97.09（元），则增值税应纳税额=97.09×3%=2.91（元）。

和原营业税计税方法的区别：

原营业税应纳税额=103×3%=3.09（元）

2. 服务中止或者折让的销售额确定

当纳税人提供的是用简易计税方法计税的应税服务并收取价款后，由于提供服务质量不符合要求等合理原因发生服务中止或者折让而退还销售额给接受方的，所退的款项可以在退款当期扣减销售额。如果退款当期销售额不足扣减，多缴税款的剩余部分可以从以后的应纳税额中扣减。

实际申报时，发生多缴税款的剩余部分从应纳税额扣减情况的，纳税人可以从当期销售额中扣额来实现。

【实例】

某试点小规模纳税人仅经营某项应税服务，2012年1月发生一笔销售额为1 000元的业务并就此缴纳税额，2月该业务由于合理原因发生退款（销售额皆为不含税销售额）。

第一种情况：2月该应税服务销售额为5 000元

在2月的销售额中扣除退款的1 000元，2月最终的计税销售额为5 000−1 000=4 000（元），2月缴纳的增值税为4 000×3%=120（元）。

第二种情况：2月该应税服务销售额为600元，3月该应税服务销售额为5 000元。

在2月的销售额中扣除退款中的600元，2月最终的计税销售额为600−600=0（元），2月应纳增值税额为0×3%=0（元）；2月销售额不足扣减而多缴的税款为400×3%=12（元），可以从以后纳税期扣减应纳税额。3月企业实际缴纳的税额为5 000×3%−12=138（元）。

第六节　纳税义务发生的时间和纳税地点

内容一：纳税义务发生的时间

纳税义务发生的时间有以下几种。

（1）纳税人提供应税服务并收讫销售款项；先开具发票的，为开具发票的当天。

收到款项不能简单地确认为应税服务增值税纳税义务发生时间，应以提供应税服务为前提。

收讫销售款项是指在应税服务开始提供后收到的款项，包括在应税服务发生过程中或者完成后收取的款项。

应税服务提供前收到的款项不能以收到款项的当天确认纳税义务发生时间。应税服务提供前收到的款项，其增值税纳税义务发生时间以按照财务会计制度的规定，该项预收性质的价款被确认为收入的时间为准。

如果纳税人提供应税服务时先开具发票的，纳税义务发生时间为开具发票的当天。

（2）取得索取销售款项凭据的当天；签订书面合同并且有明确付款日期的，为书面合同确定的付款日期的当天；未签订书面合同或者书面合同未确定付款日期的，为应税行为完成的当天。

（3）纳税人提供有形动产租赁服务采取预收款方式的，其纳税义务发生时间为收到预收款的当天。

纳税人提供租赁业劳务的，采取预收款方式的，为收到预收款的当天作为纳税义务发生时间。也就是说，对纳税人一次性收取若干年的租金收入应以收到租金的当天作为纳税义务发生时间，不再实行按月分摊、按月缴纳营业税的方法，此条规定与现行营业税关于租赁的纳税义务发生时间一致。

（4）视同提供应税服务的，其纳税义务发生时间为应税服务完成的当天。《交通运输业和部分现代服务业营业税改征增值税试点实施办法》第十一条规定，除以公益活动为目的或者以社会公众为对象外，向其他单位或者个人无偿提供交通运输业和部分现代服务业服务，应视同提供应税服务缴纳增值税。

（5）增值税扣缴义务发生时间为纳税人增值税纳税义务发生的当天。

【实例1】

试点地区甲运输企业2013年1月4日接受乙企业委托运送一批物资，运费为100万元（不含税），甲企业2013年1月6日开始运输，2月2日抵达目的地，期间2013年1月7日收到乙企业运费50万元（不含税），2013年1月25日收到运费20万元（不含税），2013年2月10日收到运费30万元（不含税），试问，甲企业1月份销售额为多少？

分析：甲企业1月6日开始运输，说明已经开始提供运输劳务，那么对其2013年1月7日收到乙企业运费50万元（不含税），2013年1月25日收到运费20万元（不含税）均根据本条规定应将收到款项的当天作为纳税义务发生时间，而不是等到运输劳务提供完成（2月2日抵达目的地），因此甲企业1月份销售额为50+20=70（万元）（不含税）。

【实例2】

试点地区甲企业2013年2月5日为乙企业提供了一项咨询服务，合同价款200万元（不含税），合同约定2013年2月10日乙企业付款50万元（不含税），但实际到2013年3月7日才付。试问甲企业该项劳务的纳税义务发生时间是什么？

分析：对这种情况，虽然该企业收到款项的时间在2013年3月7日，但由于其2012年2月5日开始提供咨询劳务，并约定2013年2月10日要付款50万元（不含税），根据本条规定，无论是否收到款项，其50万元（不含税）的纳税义务发生时间为2013年2月10日，而非2013年3月7日。

内容二：纳税地点

纳税地点是纳税人依据税法规定向征税机关申报纳税的具体地点。它说明纳税人应向哪里的税务机关申报纳税，以及哪里的征税机关有权进行税收管辖的问题。目前，税法上规定的纳税地点主要是机构所在地、居住地等。

《交通运输业和部分现代服务业营业税改征增值税试点实施办法》第四十二条对固定业户、非固定业户以及扣缴义务人的纳税地点进行了明确的规定（如图1-7）。

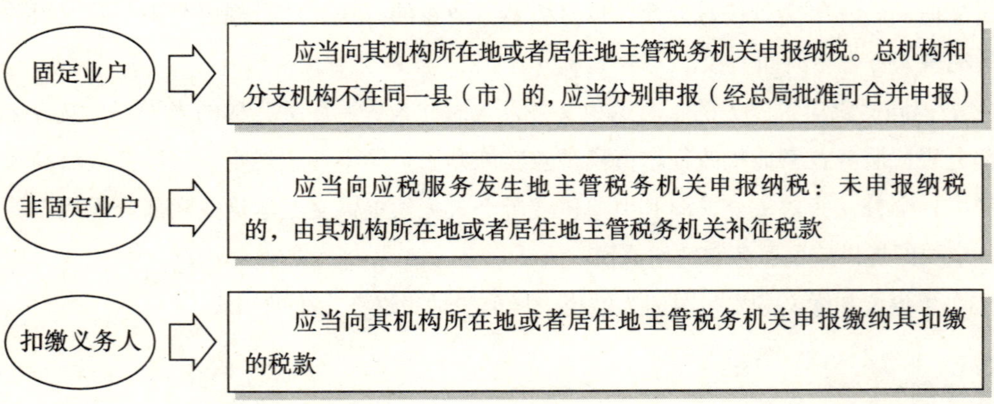

图1-7　纳税地点说明

内容三：纳税计算期

纳税计算期是纳税人、扣缴义务人据以计算解缴税款的期间，一般分为两种：一种是按次计算，以纳税人，扣缴义务人从事生产经营活动的次数作为纳税计算期；另二种是按期计算，以发生纳税义务，扣缴义务的一定期间作为纳税计算期。

具体的纳税计算期通常是在办理税务登记以后由税务机关根据其税务登记的情况在税收法律行政法规规定的范围内分别核定。就大多数纳税人而言，纳税计算期一般为一个月，少数经营规模和应纳税额较大的纳税人，可以将一日、三日、五日或十五日作为一个纳税计算期；不能按照固定期限纳税的，可以按次纳税。

特别提示

纳税人以1个月或者1个季度为1个纳税期的，自期满之日起15日内申报纳税；以1日、3日、5日、10日或者15日为1个纳税期的，自期满之日起5日内预缴税款，于次月1日起15日内申报纳税并结清上月应纳税款。

第七节 税收减免

内容一：税收减免的方式

《财政部 国家税务总局关于在上海市开展交通运输业和部分现代服务业营业税改征增值税试点的通知》（财税〔2011〕111号）之附件三《交通运输业和部分现代服务业营业税改征增值税试点过渡政策的规定》（以下简称《试点过渡政策》）中，规定了直接免税、即征即退两种方式。

（一）直接免税

直接免税是指对提供应税服务的某个环节或者全部环节直接免征增值税。纳税人用于免征增值税项目的购进货物或者应税服务，进项税额不得抵扣。提供免税应税服务不得开具专用发票。

（1）个人转让著作权。

（2）残疾人个人提供应税服务。

（3）航空公司提供飞机飞洒农药服务。

（4）纳税人提供技术转让、技术开发和与之相关的技术咨询、技术服务。

（5）符合条件的节能服务公司实施合同能源管理项目中提供的应税服务。

（6）2012年1月1日–2013年12月31日，注册在上海的企业从事离岸服务外包业务中提供的应税服务。

（7）台湾航运公司从事海峡两岸海上直航业务在大陆取得的运输收入。

（8）台湾航空公司从事海峡两岸空中直航业务在大陆取得的运输收入。

（9）美国ABS船级社在非营利宗旨不变、中国船级社在美国享受同等免税待遇的前提下，在中国境内提供的船检服务。

（10）随军家属就业：为安置随军家属就业（随军家属必须占企业总人数的60%以上）而新开办的企业，自领取税务登记证之日起，其提供的应税服务3年内免征增值税；从事个体经营的随军家属，自领取税务登记证之日起，其提供的应税服务3年内免征增值税。

（11）军队转业干部就业：从事个体经营的军队转业干部，经主管税务机关批准，自领取税务登记证之日起，其提供的应税服务3年内免征增值税；为安置自主择业的军队转业干部就业而新开办的企业，凡安置自主择业的军队转业干部占企业总人数60%（含）以上的，经主管税务机关批准，自领取税务登记证之日起，其提供的应税服务3年内免征增值税。

（12）城镇退役士兵就业：为安置自谋职业的城镇退役士兵就业而新办的服务型企业当

年新安置自谋职业的城镇退役士兵达到职工总数30%以上，并与其签订1年以上期限劳动合同的，经县级以上民政部门认定、税务机关审核，其提供的应税服务（除广告服务外）3年内免征增值税。自谋职业的城镇退役士兵从事个体经营的，自领取税务登记证之日起，其提供的应税服务（除广告服务外）3年内免征增值税。

（13）失业人员就业：持《就业失业登记证》（注明“自主创业税收政策”或附着《高校毕业生自主创业证》）人员从事个体经营的，在3年内按照每户每年8 000元为限额依次扣减其当年实际应缴纳的增值税、城市维护建设税、教育费附加和个人所得税。服务型企业（除广告服务外）在新增加的岗位中，当年新招用持《就业失业登记证》（注明“企业吸纳税收政策”）人员，与其签订1年以上期限劳动合同并依法缴纳社会保险费的，在3年内按照实际招用人数予以定额依次扣减增值税、城市维护建设税、教育费附加和企业所得税优惠。定额标准为每人每年4 000元，可上下浮动20%，由试点地区省级人民政府根据本地区实际情况在此幅度内确定具体定额标准，并报财政部和国家税务总局备案。

（二）即征即退

即征即退是由税务机关先足额征收增值税，再将已征的全部或部分增值税税款由税务部门定期退还给纳税人。纳税人可以开具增值税专用发票，并照常计算销项税额、进项税额和应纳税额。

按照试点过渡政策，下列项目实行增值税即征即退。

（1）注册在洋山保税港区内试点纳税人提供的国内货物运输服务、仓储服务和装卸搬运服务。

（2）安置残疾人的单位，按单位实际安置残疾人的人数，限额即征即退增值税的办法。

（3）试点纳税人中的一般纳税人提供管道运输服务，对其增值税实际税负超过3%的部分实行增值税即征即退政策。

（4）经中国人民银行、银监会、商务部批准经营融资租赁业务的试点纳税人中的一般纳税人提供有形动产融资租赁服务，对其增值税实际税负超过3%的部分实行增值税即征即退政策。

内容二：税收减免的特别规定

纳税人兼营免税、减税项目的，应当分别核算免税、减税项目的销售额；未分别核算的，不得免税、减税。

纳税人提供应税服务适用免税、减税规定的，可以放弃免税、减税，依照本办法的规定缴纳增值税。放弃免税、减税后，在36个月内不得再申请免税、减税。

纳税人在免税期内购进用于免税项目的货物或者应税劳务以及应税服务所取得的增值税扣税凭证，一律不得抵扣。

特别提示

> 纳税人一经放弃免税权，其生产销售的全部增值税应税货物或劳务以及应税服务均应按照适用税率征税，不得选择某一免税项目放弃免税权，也不得根据不同的销售对象选择部分货物或劳务以及应税服务放弃免税权。

内容三：增值税起征点

起征点又称“征税起点”或“起税点”，是指税法规定对征税对象开始征税的起点数额，起征点不同于免征额，纳税人销售额未达到国务院财政、税务主管部门规定的起征点的，免征增值税；达到起征点的，全额计算缴纳增值税。

（一）增值税起征点的适用范围

增值税起征点不适用于认定为一般纳税人的个体工商户，仅限于按照小规模纳税人纳税的个体工商户和其他个人。

（二）增值税起征点幅度

增值税起征点幅度如下：

（1）按期纳税的，为月销售额5 000～20 000元（含本数）；

（2）按次纳税的，为每次（日）销售额300～500元（含本数）。

（三）销售额的确定

增值税起征点所称的销售额是指小规模纳税人应税服务的销售额（不包括提供加工修理修配劳务和销售货物的销售额），不包括其应纳税额；采用销售额和应纳税额合并定价方法的，计算销售额的公式为：销售额=含税销售额÷（1+征收率）。

【实例】

假设纳税人提供应税服务的起征点为20 000元，某个体工商户（小规模纳税人）本月取得交通运输服务收入20 000元（含税），该个体工商户本月应缴纳多少增值税?

分析：因为提供应税服务的起征点为20 000元，该个体工商户本月交通运输服务不含税收入为20 000÷（1+3%）=19 417.48（元）。交通运输服务取得的收入未达到起征点，因此对该部分收入无需缴纳增值税。

第八节 征收管理

内容一：征收机构

《交通运输业和部分现代服务业营业税改征增值税试点实施办法》规定的应税服务原应征收营业税，由地方税务机关征收，现按照该办法规定营业税改征增值税后，应税服务的增值税也明确由国家税务局负责征收。

纳税人提供适用零税率的应税服务，应当按期向主管税务机关申报办理退（免）税。

内容二：增值税专用发票开具的要求

纳税人提供应税服务，应当向索取增值税专用发票的接受方开具增值税专用发票，并在增值税专用发票上分别注明销售额和销项税额。

属于下列情形之一的，不得开具增值税专用发票。

（1）向消费者个人提供应税服务。

（2）适用免征增值税规定的应税服务。

特别提示

小规模纳税人由于其自身不具有开具增值税专用发票的资格，如需开具增值税专用发票，可向主管税务机关申请代开。

第九节　与原增值税纳税人有关的规定

内容一：进项税额

进项税额分为可以抵扣的进项税额和不可以抵扣的进项税额。

（一）可以抵扣的进项税额

（1）原增值税一般纳税人接受试点纳税人提供的应税服务，取得的增值税专用发票上注明的增值税额为进项税额，准予从销项税额中抵扣。

（2）原增值税一般纳税人接受试点纳税人中的小规模纳税人提供的交通运输业服务，按照从提供方取得的增值税专用发票上注明的价税合计金额和7%的扣除率计算进项税额，从销项税额中抵扣。

（3）试点地区的原增值税一般纳税人接受境外单位或者个人提供的应税服务，按照规定应当扣缴增值税的，准予从销项税额中抵扣的进项税额为从税务机关或者代理人取得的解缴税款的《中华人民共和国税收通用缴款书》上注明的增值税额。

特别提示

上述纳税人凭通用缴款书抵扣进项税额的，应当具备书面合同、付款证明和境外单位的对账单或者发票。否则，进项税额不得从销项税额中抵扣。

（4）试点地区的原增值税一般纳税人购进货物或者接受加工修理修配劳务，用于《应税服务范围注释》所列项目的，不属于《中华人民共和国增值税暂行条例》第十条所称的用于非增值税应税项目，其进项税额准予从销项税额中抵扣。

相关知识

《中华人民共和国增值税暂行条例》第十条的规定

《中华人民共和国增值税暂行条例》第十条规定，下列项目的进项税额不得从销项税额中抵扣：

（1）用于非增值税应税项目、免征增值税项目、集体福利或者个人消费的购进货物或者应税劳务；

（2）非正常损失的购进货物及相关的应税劳务；

（3）非正常损失的在产品、产成品所耗用的购进货物或者应税劳务；

（4）国务院财政、税务主管部门规定的纳税人自用消费品；

（5）本条第（1）项至第（4）项规定的货物的运输费用和销售免税货物的运输费用。

（二）不可以抵扣的进项税额

（1）原增值税一般纳税人接受试点纳税人提供的应税服务，下列项目的进项税额不得从销项税额中抵扣，具体项目如图1-8所示。

项目一	用于简易计税方法计税项目、非增值税应税项目、免征增值税项目、集体福利或者个人消费，其中涉及的专利技术、非专利技术、商誉、商标、著作权、有形动产租赁，仅指专用于上述项目的专利技术、非专利技术、商誉、商标、著作权、有形动产租赁
项目二	接受的旅客运输服务
项目三	与非正常损失的购进货物相关的交通运输业服务
项目四	与非正常损失的在产品、产成品所耗用购进货物相关的交通运输业服务

图1-8　不得从销项税额中抵扣的项目

上述非增值税应税项目，对于试点地区的原增值税一般纳税人，是指《中华人民共和国增值税暂行条例》第十条所称的非增值税应税项目，但不包括《应税服务范围注释》所列项目。

（2）原增值税一般纳税人从试点地区取得的2012年1月1日（含）以后开具的运输费用结算单据（铁路运输费用结算单据除外），一律不得作为增值税扣税凭证。

（3）试点一般纳税人若在2012年之前不属于一般纳税人，其成为一般纳税人之前所取得的进项税额不得抵扣。

（4）试点一般纳税人若在2012年之前已经属于一般纳税人，可按照现行增值税相关规定抵扣其2011年取得的销售货物、加工修理修配劳务所耗用的货物和劳务包含的进项税额，但不得抵扣该年用于纳入试点范围项目的货物和劳务所含的进项税额。

内容二：一般纳税人的认定

试点地区的原增值税一般纳税人兼有应税服务，按照《交通运输业和部分现代服务业营业税改征增值税试点实施办法》和《交通运输业和部分现代服务业营业税改征增值税试点有关事项的规定》第一条第（五）款的规定应当申请认定一般纳税人的，不需要重新办理一般纳税人认定手续。

内容三：增值税期末留抵税额

试点地区的原增值税一般纳税人兼有应税服务的，截止到2011年12月31日的增值税期末留抵税额，不得从应税服务的销项税额中抵扣。

第二章 营改增后的会计核算

引言

营改增后，企业的会计核算也有一定的变化，而《营业税改征增值税试点有关企业会计处理规定》则对营业税改征增值税后的会计核算做出了具体的规定。

第一节　会计科目设置

要领一：营业税会计核算和增值税会计核算的区别

营业税的会计核算和增值税的会计核算有一定的区别（如表2-1）。

表2-1　营业税会计核算和增值税会计核算的区别

序号	区别	营业税	增值税
1	会计科目设置不同	营业税会计核算在应交税费科目下只设一个二级科目：应交税费——应交营业税	增值税会计核算在应交税费科目下设有多个二级科目，同时还设有多个三级科目
2	会计处理分类不同	营业税会计处理按行业进行核算，包括建筑业营业税的会计处理、房地产开发企业营业税的会计处理、金融企业营业税的会计处理、旅游、服务业营业税的会计处理、转让无形资产营业税的会计处理、销售不动产营业税的会计处理、租赁业务营业税的会计处理	增值税会计处理可以简单归纳成两大类：工业会计处理和商业会计处理
3	会计核算原则不同	营业税是价内税，通过“营业税金及附加”核算，“营业税金及附加”是损益类科目，直接计入当期损益，该项数据在利润表中“主营业务税金及附加”栏显示	增值税属于价外税，销售收入中不含销项税额，销售成本中也不含进项税额，缴纳的增值税当然也不能作为收入的抵减计入“利润表”中，因此，所有增值税的计算与缴纳，均与“利润表”无关，是在“资产负债表”中体现
4	会计核算的税收直观度不同	应交营业税科目下，借贷方的发生额和期末余额直接体现出纳税人应交、已交、未交营业税的状态	增值税应交、已交、未交却需要结合多个二级和三级科目分析才能清晰知道纳税人增值税实现、缴纳、欠交、留抵等状态

要领二：核算增值税需要设置的二级科目

核算增值税需要设置的二级科目为：根据国家相关法律法规的规定，为准确反映增值税的发生、缴纳、待抵扣进项税额和检查调整情况，一般纳税人应在“应交税费”科目下设置“应交增值税”、“未交增值税”、“待抵扣进项税额”、“增值税留抵税额”和“增值税检查调整”五个明细科目进行核算（如表2-2）。

表2-2　核算增值税需要设置的二级科目

序号	二级科目名称	具体说明
1	应交增值税	“应交增值税”明细科目的借方发生额反映企业购进货物或接受应税劳务支付的进项税额、实际已缴纳的增值税额和月终转出的当月应交未交的增值税额；贷方发生额反映企业销售货物或提供应税劳务收取的销项税额、出口企业收到的出口退税以及进项税额转出数和转出多交增值税；期末借方余额反映企业尚未抵扣的增值税
2	未交增值税	“未交增值税”明细科目的借方发生额反映企业月终转入的多交的增值税；贷方发生额反映企业月终转入的当月发生的应交未交增值税；期末借方余额反映多交的增值税，贷方余额反映未交的增值税
3	待抵扣进项税额	“待抵扣进项税额”明细科目核算一般纳税人按税法规定不符合抵扣条件，暂不予在本期申报抵扣的进项税额
4	增值税留抵税额	“增值税留抵税额”明细科目（财会〔2012〕13号文件新增加）核算原增值税一般纳税人截止到营业税改征增值税实施当月，不得从应税服务的销项税额中抵扣的应税货物及劳务的上期留抵税额
5	增值税检查调整	根据财政部国家税务总局关于《增值税日常稽查办法的通知》（国税发〔1998〕第44号文件），增值税一般纳税人在税务机关对其增值税纳税情况进行检查后，凡涉及到应交增值税账务调整的，应设立“应交税费——增值税检查调整”专门账户。凡检查后应调减账面进项税额或调增销项税额和进项税额转出的，借记有关科目，贷记“应交税费——增值税检查调整”；凡检查后应调增账面进项税额或调减销项税额和进项税额转出的，借记“应交税费——增值税检查调整”，贷记有关科目；全部调账事项入账后，应对该账户的余额进行处理，处理后，该账户无余额

要领三：核算增值税需要设置的三级科目

核算增值税需要设置的三级科目为：为了详细核算企业应交纳增值税的计算和解缴、抵扣等情况，企业应在“应交增值税”明细科目下设置“进项税额”、“已交税金”、“减免税款”、“出口抵减内销产品应纳税额”、“转出未交增值税”、“销项税额”、“营改增抵减的销项税额”、“出口退税”、“进项税额转出”、“转出多交增值税”等专栏（如表2-3）。

表2-3 “应交税费——应交增值税”三级科目的借贷

借	贷
（1）进项税额	（1）销项税额
（2）已交税金	（2）出口退税
（3）减免税款	（3）进项税额转出
（4）出口抵减内销产品应纳税额	（4）转出多交增值税
（5）营改增抵减的销项税额	
（6）转出未交增值税	
期末借方余额反映尚未抵扣的进项税额	贷方无余额

核算增值税需要设置的三级科目情况说明如表2-4所示。

表2-4 核算增值税需要设置的三级科目情况说明

序号	三级科目名称	具体说明
1	进项税额	记录企业购入货物或接受应税劳务而支付的、按规定准予从销项税额中抵扣的增值税额。企业购入货物或接受应税劳务支付的进项税额，用蓝字登记；退回所购货物应冲销的进项税额，用红字登记
2	已交税金	记录企业本月已交纳的增值税额。企业本月已交纳的增值税额用蓝字登记；退回本月多交的增值税额用红字登记
3	减免税款	记录企业按规定享受直接减免的增值税款或按规定抵减的增值税应纳税额
4	出口抵减内销产品应纳税额	记录企业按规定的退税率计算的零税率应税服务的当期免抵税额
5	转出未交增值税	记录企业月终转出应交未交的增值税。月终，企业转出当月发生的应交未交的增值税额用蓝字登记
6	销项税额	记录企业销售货物或提供应税劳务应收取的增值税额。企业销售货物或提供应税劳务应收取的销项税额，用蓝字登记；退回销售货物应冲销的销项税额，用红字登记
7	营改增抵减的销项税额	这是财会〔2012〕13号《关于印发〈营业税改征增值税试点有关企业会计处理规定〉的通知》的新增专栏，核算一般纳税人提供应税服务，试点期间按照营业税改征增值税有关规定允许从销售额中扣除其支付给非试点纳税人价款，按规定扣减销售额而减少的销项税额

（续表）

序号	三级科目名称	具体说明
8	出口退税	记录企业零税率应税服务按规定计算的当期免抵退税额或按规定直接计算的应收出口退税额；零税率应税服务办理退税后发生服务终止而补交已退的税款，用红字登记
9	进项税额转出	记录企业的购进货物、在产品、产成品等发生非正常损失以及其他原因而不应从销项税额中抵扣，按规定转出的进项税额
10	转出多交增值税	记录企业月终转出本月多交的增值税。月终，企业转出本月多交的增值税额用蓝字登记；收到退回本月多交的增值税额用红字登记

相关知识

增值税会计核算主要文件依据

增值税会计核算主要文件依据有：

（1）《财政部关于印发企业执行新税收条例有关会计处理规定的通知》［财会字〔1993〕第83号］。

（2）《财政部关于对增值税会计处理有关问题补充规定的通知》［财会字〔1995〕22号］。

（3）《关于减免和返还流转税的会计处理规定的通知》［财会字〔1995〕6号］。

（4）《增值税日常稽查办法的通知》［国税发〔1998〕第44号］。

（5）《国家税务总局关于增值税一般纳税人用进项留抵税额抵减增值税欠税问题的通知》［国税发〔2004〕112号］。

（6）《国家税务总局关于印发〈增值税一般纳税人纳税辅导期管理办法〉的通知》［国税发〔2010〕40号］。

（7）《财政部关于印发〈营业税改征增值税试点有关企业会计处理规定〉的通知》［财会〔2012〕13号］。

第二节　一般纳税人的一般账务处理

账务一：国内采购的货物或接受的应税劳务和应税服务

国内采购的货物或接受的应税劳务和应税服务的处理办法如下。

（1）按照增值税专用发票上注明的增值税额，借记“应交税费——应交增值税（进项税额）”科目。

（2）按照专用发票上记载的应计入采购成本的金额，借记“材料采购”、“商品采购”、“原材料”、“制造费用”、“管理费用”、“营业费用”、“固定资产”、“主营业务成本”、“其他业务成本”等科目。

（3）按照应付或实际支付的金额，贷记“应付账款”、“应付票据”、“银行存款”等科目。

特别提示

当购入货物发生退货时，作相反的会计分录。

（4）已经取得的增值税扣税凭证，按税法规定不符合抵扣条件，暂不予在本期申报抵扣的进项税额（例如实施辅导期管理的纳税人），借记“应交税费——待抵扣进项税额”科目；应计入采购成本的金额，借记“材料采购”、“商品采购”、“原材料”、“制造费用”、“管理费用”、“营业费用”、“固定资产”、“主营业务成本”、“其他业务成本”等科目；按照应付或实际支付的金额，贷记“应付账款”、“应付票据”、“银行存款”等科目。

（5）纳税人收到税务机关告知的稽核比对结果通知书及其明细清单后，按稽核比对结果通知书及其明细清单注明的稽核相符、允许抵扣的进项税额，借记“应交税费——应交增值税（进项税额）”，贷记“应交税费——待抵扣进项税额”。经核实不得抵扣的进项税额，红字借记“应交税费——待抵扣进项税额”，红字贷记相关科目。

账务二：进口货物或接受境外单位或者个人提供的应税服务

进口货物或接受境外单位或者个人提供的应税服务处理办法如下。

（1）按照海关提供的《海关进口增值税专用缴款书》上注明的“增值税额”或《中华人民共和国税收通用缴款书》上注明的“增值税额”，借记“应交税费——应交增值税（进项税额）”科目。

（2）按照进口货物或接受境外单位或者个人提供的应税服务应计入采购成本的金额，借记“材料采购”、“商品采购”、“原材料”、“管理费用”、“营业费用”、“固定资产”等科目。

（3）按照应付或实际支付的金额，贷记“应付账款”、“银行存款”等科目。

账务三：一般纳税人提供的应税服务

一般纳税人提供的应税服务处理办法如下。

（1）一般纳税人提供应税服务，按照确认的收入和按规定收取的增值税额，借记“应收账款”、“应收票据”、“银行存款”等科目。

（2）按照规定收取的增值税额，贷记“应交税费——应交增值税（销项税额）”科目。

（3）按确认的收入，贷记“主营业务收入”、“其他业务收入”等科目。

特别提示

发生的服务终止或折让，作相反的会计分录。

【实例】

某技术服务企业2013年3月18日取得技术咨询服务费收入106万元，开具防伪税控增值税专用发票，销售额100万元，销项税额6万元。企业应作的会计分录为：

借：银行存款	1 060 000	
贷：主营业务收入		1 000 000
应交税费——应交增值税（销项税额）		60 000

一般纳税人发生《试点实施办法》第十一条所规定情形，视同提供应税服务应提取的销项税额，借记“营业外支出”、“应付利润”等科目，贷记“应交税费——应交增值税（销项税额）”科目。

账务四：向境外单位提供适用零税率的应税服务

一般纳税人向境外单位提供适用零税率的应税服务，不计算营业收入应缴纳的增值税。凭有关单证向税务机关申报办理该项出口服务的免抵退税，会计处理的具体要求如图2-1所示。

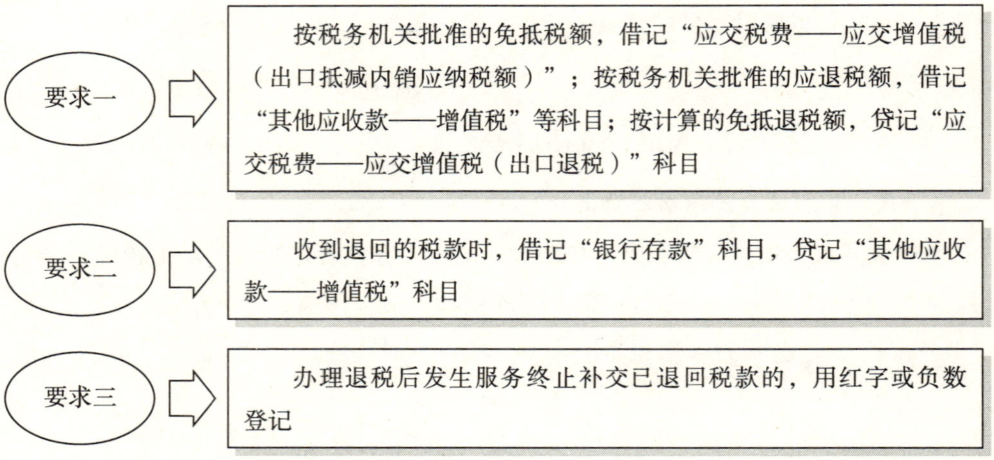

图2-1　一般纳税人向境外单位提供适用零税率应税服务的会计处理要求

账务五：非正常损失等

非正常损失购进的货物、在产品、产成品及相关的加工修理修配劳务和交通运输业服务，以及购进货物改变用途等原因，其进项税额，应相应转入有关科目，借记“待处理财产损溢”、“在建工程”、“应付福利费”等科目，贷记“应交税费——应交增值税（进项税额转出）”科目，属于转作待处理财产损失的部分，应与非正常损失的购进货物、在产品、产成品成本一并处理。

【实例】

某公司2013年3月30日盘点库存发现，由于管理不当，某产品盘亏10件，经查属于被盗。该产品账面成本3万元，基中耗用原材料成本2万元。责令管理人员赔偿0.5万元，保险公司赔偿1万元，经有关单位批准处理，该公司应作会计分录如下。

（1）发现盘亏：

借：待处理财产损溢——待处理流动资产损溢　　33 400

　贷：库存商品　　30 000

　　　应交税费——应交增值税（进项税额转出）　　3 400

（2）责任认定后取得保险款和责任赔偿：

借：银行存款（或其他应收款）　　15 000

　贷：待处理财产损溢——待处理流动资产损溢　　15 000

（3）批准处理：

借：营业外支出　　18 400

　贷：待处理财产损溢——待处理流动资产损溢　　18 400

账务六：提供应税服务取得按税法规定的免征增值税收入

纳税人提供应税服务取得按税法规定的免征增值税收入时，借记“银行存款”、“应收账款”、“应收票据”等科目，贷记“主营业务收入”、“其他业务收入”等科目。

【实例】

某企业2013年4月2日为另一企业提供专利技术使用权，取得转让收入28万元。企业应作的会计分录为：

借：银行存款　　280 000

　贷：其他业务收入　　280 000

账务七：提供适用简易计税方法应税服务

一般纳税人提供适用简易计税方法应税服务的，借记“银行存款”、“应收账款”、“应收票据”等科目，贷记“主营业务收入”、“其他业务收入”等科目，贷记“应交税费——未交增值税”科目。

一般纳税人提供适用简易计税方法应税服务，发生《试点实施办法》第十一条所规定情形视同提供应税服务应缴纳的增值税额，借记“营业外支出”、“应付利润”等科目，贷记“应交税费——未交增值税”科目。

【实例】

假设某企业下设一个汽车租赁公司，汽车租赁公司与该企业统一核算，2013年3月31日，本月取得租赁收入60万元（含税销售额），其不含税销售额为600 000÷（1+3%）=582 524.27（元），应交增值税为600 000—582 524.27=17 475.73（元）。该企业应作的会计分录为：

借：银行存款　　600 000

　贷：其他业务收入　　582 524.27

　　应交税费——未交增值税　　17 475.73

账务八：销售已使用固定资产应交增值税

纳税人销售已使用固定资产应交增值税的，其中小规模纳税人销售已使用固定资产，及一般纳税人销售已使用固定资产按照适用税率征收增值税的，应交增值税的会计处理与销售其他货物的处理一样，即小规模纳税人应通过“应交税费——应交增值税”科目核算，一般纳税人应通过“应交税费——应交增值税（销项税额）”科目核算。但若出售属于按简易办法征收增值税的已使用固定资产，其按简易办法计算出的应交增值税，在会计处理上应将其直接计入“应交税费——未交增值税”科目，而不能计入“应交税费——应交增值税（销项税额）”科目。

【实例】

某企业，2012年12月出售于2008年1月份购买的某设备（未抵扣设备进项税额），该设备原值为40万元，已计提折旧10万元，售价28万元，适用17%的增值税税率。企业应作的会计分录如下。

1. 出售设备转入清理：

借：固定资产清理	300 000	
累计折旧	100 000	
贷：固定资产		400 000

2. 收到出售设备价款：

借：银行存款	280 000	
贷：固定资产清理		280 000

3. 按4%征收率减半计算出应交增值税为4 616：

借：固定资产清理	4 616	
贷：应交税费——未交增值税		4 616

4. 结转固定资产清理：

借：营业外支出	4 616	
贷：固定资产清理		4 616

账务九：月份终了的会计处理

月份终了的会计处理要求如图2-2所示。

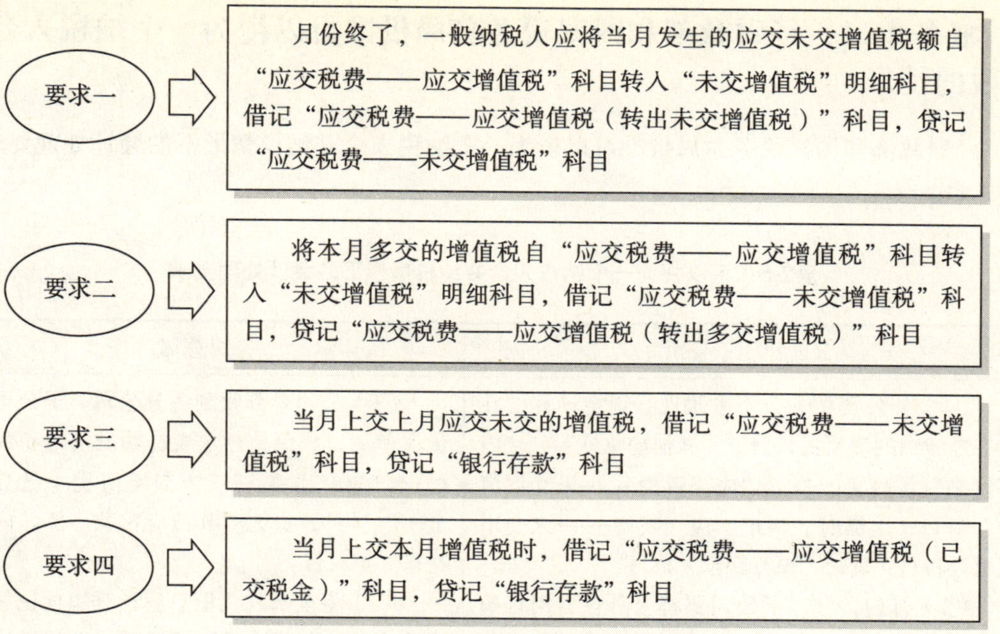

图2-2　月份终了的会计处理要求

账务十：期末借方余额的处理

期末借方余额的处理方法为：

（1）“应交税费——应交增值税”科目的期末借方余额，反映尚未抵扣的增值税；

（2）“应交税费——未交增值税”科目的期末借方余额，反映多交的增值税；贷方余额，反映未交的增值税。

账务十一：享受限额扣减增值税优惠政策

一般纳税人享受限额扣减增值税优惠政策的，按规定扣减的增值税额，借记“应交税费——未交增值税”科目，贷记“营业外收入——政府补助”科目。

【实例】

某企业当年新招用持《就业失业登记证》人员3人，与其签订1年以上期限劳动合同并依法缴纳社会保险费的，定额标准为每人每年4 000元，则会计处理如下：

借：应交税费——未交增值税　　12 000

　贷：营业外收入——政府补助　　12 000

账务十二：经财政部和国家税务总局批准可以视为一个纳税人合并纳税的情形

经财政部和国家税务总局批准可以视为一个纳税人合并纳税情形下的会计处理要求如表2-5所示。

表2-5　可以视为一个纳税人合并纳税情形下的会计处理要求

分公司、子公司	公司总部
（1）分公司、子公司按照现行规定计算的在所在地缴纳的增值税，借记“其他应收款”、“内部往来”等科目，贷记“应交税费——未交增值税”科目；上缴时，借记“应交税费——未交增值税”科目，贷记“银行存款”科目 （2）月初，分、子公司要将上月各自销售额（或营业额）、进项税额及应纳税额（包括增值税、营业税）通过传递单传至总部	（1）公司总部收到各分公司、子公司的传递单后，按照传递单上注明的应纳税额，借记“应交税费——应交增值税（已交税金）”科目，贷记“其他应付款”、“内部往来”等科目 （2）将全部收入汇总后计算销项税额，减除汇总的全部进项税额后形成总的增值税应纳税额，再将各分公司、子公司汇总的应纳税额（包括增值税、营业税）作为已交税金予以扣减后，形成总部的增值税应纳税额

账务十三：增值税检查后的账户处理

根据国家税务总局关于《增值税日常稽查办法的通知》国税发〔1998〕第44号文件规定，增值税检查后的账户处理如下。

（1）增值税一般纳税人在税务机关对其增值税纳税情况进行检查后，凡涉及到应交增值税账务调整的，应设立“应交税费——增值税检查调整”专门账户。

（2）凡检查后应调减账面进项税额或调增销项税额和进项税额转出的，借记有关科目，贷记“应交税费——增值税检查调整”。

（3）凡检查后应调增账面进项税额或调减销项税额和进项税额转出的，借记“应交税费——增值税检查调整”，贷记有关科目。

（4）全部调账事项入账后，应对该账户的余额进行处理，处理后，该账户无余额。

第三节　小规模纳税人的一般账务处理

账务一：提供应税服务

小规模纳税人提供应税服务，按确认的收入和按规定收取的增值税额，借记“应收账款”、“应收票据”、“银行存款”等科目，按规定收取的增值税额，贷记“应交税费——应交增值税”科目，按确认的收入，贷记“主营业务收入”、“其他业务收入”等科目。

账务二：享受限额扣减增值税的优惠政策

小规模纳税人享受限额扣减增值税优惠政策的，按规定扣减的增值税额，借记“应交税费——应交增值税”科目，贷记“营业外收入——政府补助”科目。

账务三：月份终了上交增值税

小规模纳税人月份终了上交增值税时，借记“应交税费——应交增值税”科目，贷记“银行存款”科目。收到退回多交的增值税，作相反的会计分录。

第四节　特殊纳税事项的会计处理

事项一：试点纳税人差额征税的会计处理

试点纳税人差额征税的会计处理如下。

（一）一般纳税人的会计处理

一般纳税人提供应税服务，试点期间按照营业税改征增值税有关规定允许从销售额中扣除其支付给非试点纳税人价款的，应在“应交税费——应交增值税”科目下增设“营改增抵减的销项税额”专栏，用于记录该企业因按规定扣减销售额而减少的销项税额；同时，“主营业务收入”、“主营业务成本”等相关科目应按经营业务的种类进行明细核算。

企业接受应税服务时，按规定允许扣减销售额而减少的销项税额，借记“应交税费——应交增值税（营改增抵减的销项税额）”科目，按实际支付或应付的金额与上述增值税额的差额，借记“主营业务成本”等科目，按实际支付或应付的金额，贷记“银行存款”、“应付账款”等科目。

【实例】

某企业2013年3月25日，取得分包方纳税人（该纳税人属非试点省市管辖，其服务缴纳营业税）开具的普通发票，金额20万元，其应交税费为200 000−［200 000÷（1+6%）］=11 320.75（元）。

借：主营业务成本　　188 679.25

　　应交税费——应交增值税（营改增抵减的销项税额）　　11 320.75

　贷：银行存款　　200 000

对于期末一次性进行账务处理的企业，期末，按规定当期允许扣减销售额而减少的销项税额，借记“应交税费——应交增值税（营改增抵减的销项税额）”科目，贷记“主营业务成本”等科目。

（二）小规模纳税人的会计处理

小规模纳税人提供应税服务，试点期间按照营业税改征增值税有关规定允许从销售额中扣除其支付给非试点纳税人价款的，按规定扣减销售额而减少的应交增值税应直接冲减

“应交税费——应交增值税”科目。

企业接受应税服务时，按规定允许扣减销售额而减少的应交增值税，借记“应交税费——应交增值税”科目，按实际支付或应付的金额与上述增值税额的差额，借记“主营业务成本”等科目，按实际支付或应付的金额，贷记“银行存款”、“应付账款”等科目。

对于期末一次性进行账务处理的企业，期末，按规定当期允许扣减销售额而减少的应交增值税，借记“应交税费——应交增值税”科目，贷记“主营业务成本”等科目。

【实例】

如某公司为小规模纳税人，接受应税服务支付给其他单位60万元并取得符合规定的发票时，计算税款为：［600 000÷（1+3%）］×3%=17 475.73元，其所作会计分录为：

借：应交税费——应交增值税　　17 475.73

　　主营业务成本　　582 524.27

　贷：银行存款　　600 000

事项二：增值税期末留抵税额的会计处理

试点地区兼有应税服务的原增值税一般纳税人，截止到开始试点当月月初的增值税留抵税额按照营业税改征增值税有关规定不得从应税服务的销项税额中抵扣的，应在“应交税费”科目下增设“增值税留抵税额”明细科目。

开始试点当月月初，企业应按不得从应税服务的销项税额中抵扣的增值税留抵税额，借记“应交税费——增值税留抵税额”科目，贷记“应交税费——应交增值税（进项税额转出）”科目。待以后期间允许抵扣时，按允许抵扣的金额，借记“应交税费——应交增值税（进项税额）”科目，贷记“应交税费——增值税留抵税额”科目。

【实例】

某企业为增值税一般纳税人。假设该企业既从事计算机硬件的销售业务，又兼有技术服务的应税服务。

（1）2013年3月31日，“应交税费——应交增值税”借方期末余额100万元。4月月初应作以下会计处理：

借：应交税费——增值税留抵税额　　1 000 000

　贷：应交税费——应交增值税（进项税额转出）　　1 000 000

注：增值税留抵税额1 000 000填入申报表“上期留抵税额”（本年累计）。

（2）2013年4月10日，销售电脑一批，开具“防伪税控增值税专用发票”，销售额100万元，销项税额17万元。2013年4月16日，取得技术服务费收入106万元，开具“防伪税控增值税专用发票”，销售额100万元，销项税额6万元。本期符合申报抵扣条件的进项税额为5.1万元。企业应作的会计分录如下。

①取得收入时：

借：银行存款　　2 023 000

　贷：主营业务收入　　1 000 000

　　其他业务收入　　1 000 000

　　应交税费——应交增值税（销项税额）　　23 000

②计算3月结转本期允许抵扣的期末留抵税额：

货物的销项税额比例=170 000÷230 000×100%=73.91%

未抵减上期留抵税额的4月份货物的应纳税额=［销项税额−实际抵扣税额（本月数）］×货物的销项税额比例=（230 000−51 000）×73.91%=132 298.90（元）

3月期末留抵税额结转4月允许本期抵减数=实际抵扣税额=未抵减上期留抵税额时货物的应纳税额与上期留抵税额（本年累计）1 000 000比较，取小值=132 298.90元，企业应作的会计分录为：

借：应交税费——应交增值税（进项税额）　　132 298.90

　贷：应交税费——增值税留抵税额　　132 298.90

注：该笔“应交税费——增值税留抵税额”贷方132 298.90，应填入申报表“实际抵扣税额”（本年累计）栏。

“应交税费——增值税留抵税额”科目期末余额应根据其流动性在资产负债表中的“其他流动资产”项目或“其他非流动资产”项目列示。

事项三：取得过渡性财政扶持资金的会计处理

取得过渡性财政扶持资金的会计处理如下。

（1）试点纳税人在新老税制转换期间因实际税负增加而向财税部门申请取得财政扶持资金的，期末有确凿证据表明企业能够符合财政扶持政策规定的相关条件且预计能够收到财政扶持资金时，按应收的金额，借记“其他应收款”等科目，贷记“营业外收入”科目。

（2）待实际收到财政扶持资金时，按实际收到的金额，借记“银行存款”等科目，贷记“其他应收款”等科目。

【实例】

某企业为增值税一般纳税人，在新老税制转换期间因实际税负增加而向财税部门申请取得财政扶持资金且符合财政扶持政策规定的相关条件，2012年12月申请财政扶持资金22万元，2013年2月9日取得财政扶持资金。企业应作的会计分录如下。

（1）2012年12月预计能够收到财政扶持资金时：

借：其他应收款——政府补助　　220 000

　贷：营业外收入——政府补助　　220 000

（2）2013年2月9日取得财政扶持资金时：

借：银行存款　　220 000

　贷：其他应收款——政府补助　　220 000

事项四：增值税税控系统专用设备和技术维护费用抵减增值税额的会计处理

（一）增值税一般纳税人的会计处理

按有关税法规定，增值税一般纳税人初次购买增值税税控系统专用设备支付的费用以及缴纳的技术维护费允许在增值税应纳税额中全额抵减的，应在“应交税费——应交增值税”科目下增设“减免税款”专栏，用于记录该企业按规定抵减的增值税应纳税额。

1. 购入增值税税控系统专用设备

购入增值税税控系统专用设备的会计处理要求如图2-3所示。

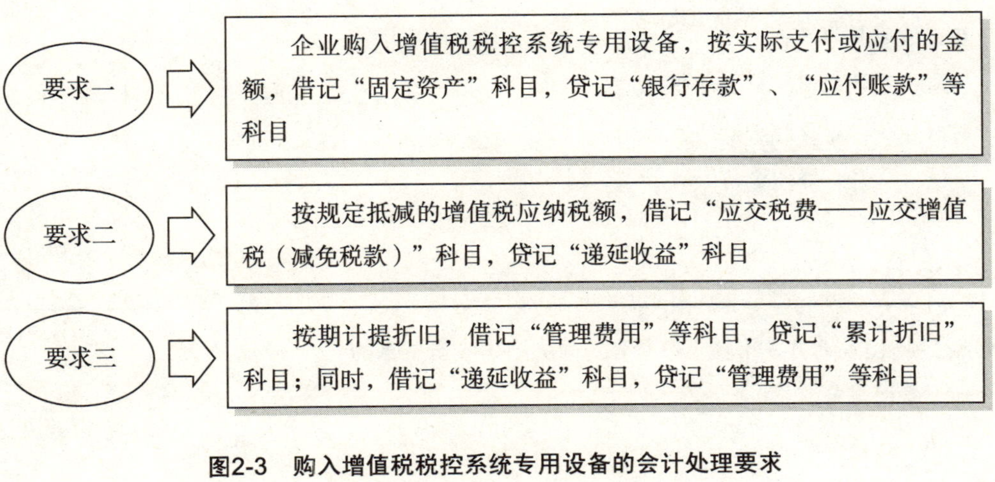

图2-3　购入增值税税控系统专用设备的会计处理要求

2. 发生技术维护费

发生技术维护费的会计处理要求如图2-4所示。

要求一 ⇨ 企业发生技术维护费，按实际支付或应付的金额，借记“管理费用”等科目，贷记“银行存款”等科目

要求二 ⇨ 按规定抵减的增值税应纳税额，借记“应交税费——应交增值税（减免税款）”科目，贷记“管理费用”等科目

图2-4 发生技术维护费的会计处理要求

【实例1】

某企业为增值税一般纳税人，2012年11月初次购买增值税税控系统专用设备，支付费用11 000元，缴纳技术维护费330元，并取得增值税专用发票。

（1）2012年11月购买增值税税控系统专用设备和缴纳技术维护费时：

借：固定资产	11 000	
管理费用	330	
贷：银行存款		11 330
同时，借：应交税费——应交增值税（减免税款）	11 330	
贷：递延收益		11 000
管理费用		330

（2）2012年12月按期计提增值税税控系统专用设备折旧时：

借：管理费用	1 000	
贷：累计折旧		1 000
同时，借：递延收益	1 000	
贷：管理费用		1 000

【实例2】

某企业2012年1月发生技术维护费2 000元。其会计分录为：

借：管理费用	2 000	
贷：银行存款		2 000

抵减当期应缴纳的增值税税额时，其会计分录为：

借：应交税费——应交增值税（减免税款）　　　　2 000
　贷：管理费用　　　　2 000

（二）小规模纳税人的会计处理

小规模纳税人的会计处理如下。

1．购入增值税税控专用设备

小规模纳税人购入增值税税控专用设备的会计处理要求如图2-5所示。

要求一 ⇨ 企业购入增值税税控专用设备，按实际支付或应付的金额，借记“固定资产”科目，贷记“银行存款”、“应付账款”等科目

要求二 ⇨ 按规定抵减的增值税应纳税额，借记“应交税费——应交增值税”科目，贷记“递延收益”科目

要求三 ⇨ 按期计提折旧，借记“管理费用”等科目，贷记“累计折旧”科目；同时，借记“递延收益”科目，贷记“管理费用”等科目

图2-5　购入增值税税控专用设备的会计处理要求

2．发生技术维护费

小规模纳税人发生技术维护费的会计处理要求如图2-6所示。

要求一 ⇨ 企业发生技术维护费，按实际支付或应付的金额，借记“管理费用”等科目，贷记“银行存款”等科目

要求二 ⇨ 按规定抵减的增值税应纳税额，借记“应交税费——应交增值税”科目，贷记“管理费用”等科目

要求三 ⇨ “应交税费——应交增值税”科目期末如为借方余额，应根据其流动性在“资产负债表”中的“其他流动资产”项目或“其他非流动资产”项目列示；如为贷方余额，应在“资产负债表”中的“应交税费”项目列示

图2-6　发生技术维护费的会计处理要求

第三章 增值税专用发票管理

引言

增值税专用发票仅限增值税一般纳税人使用（以下简称一般纳税人），是一般纳税人销售货物或者提供应税劳务开具的发票，同时也是购买方支付增值税税额并按照增值税有关规定据以抵扣增值税进项税额的凭证。

第一节　专用发票与增值税防伪税控系统

内容一：专用发票的构成

专用发票分为三联票和六联票。

（一）三联票

专用发票由基本联次或者基本联次附加其他联次构成，基本联次为三联：发票联、抵扣联和记账联。各联次的作用如下。

1．发票联

发票联是作为购买方核算采购成本和增值税进项税额的记账凭证；这是增值税专用发票和其他发票的不同之处，其他发票仅仅是核算采购成本的记账凭证，而增值税专用发票还是核算增值税进项税额的凭证。

2．抵扣联

抵扣联是作为购买方报送主管税务机关认证和留存备查的凭证。

3．记账联

记账联是作为销售方（开票方）核算销售（营业）收入和增值税销项税额的记账凭证。

（二）六联票

六联票是在发票联、抵扣联和记账联三个基本联次上附加其他联次，其他联次的用途一般由纳税人自行确定，如提货联、随货同行联、出门证等。

特别提示

简单业务只需使用三联票就可以了，避免造成浪费。

内容二：增值税防伪税控系统

（一）增值税防伪税控系统的组成

一般纳税人应通过增值税防伪税控系统（以下简称“防伪税控系统”）使用专用发票。防伪税控系统是指经国务院同意推行的，使用专用设备和通用设备、运用数字密码和电子存储技术管理专用发票的计算机管理系统。

增值税税控系统包括增值税防伪税控系统，货物运输业增值税专用发票税控系统，机动车销售统一发票税控系统以及公路、内河货物运输业发票税控系统。

增值税防伪税控系统的专用设备包括金税卡、IC卡、读卡器或金税盘和报税盘。

货物运输业增值税专用发票税控系统专用设备包括税控盘和报税盘；机动车销售统一发票税控系统和公路、内河货物运输业发票税控系统专用设备包括税控盘和传输盘。

通用设备是指计算机、打印机、扫描器具和其他设备。

（二）增值税防伪税控系统

新申请的一般纳税人，应凭主管税务机关填发的“防伪税控开票子系统使用通知书”到税控服务单位参加开票操作培训、购买开票系统专用设备。

特别提示

纳税人购买的增值税税控系统专用设备自购买之日起3年内因质量问题无法正常使用的，由专用设备供应商负责免费维修，无法维修的免费更换。

相关知识

税控系统开票业务流程

步骤	环节	说明
1	纳税人购置税控装置	按税务局要求，纳税人购买税控盘和传输盘
2	注册登记	税务机关受理纳税人提交有关文书，对其进行审核、批准，在管理系统中登记其基本信息和税务机关核准信息，并对相应税控盘和传输盘进行初始化
3	购票信息写盘	用户登记注册后，还需要购买发票并进行购票信息写盘，才能正常开票。购票信息写盘是对纳税人已购税控发票信息进行确认后写入税控盘或传输盘中

4 日常开票

用户在完成上述流程后，使用本开票系统即可进行正常开票操作。开票周期可以通过税控盘或传输盘回传监控数据来控制

5 纳税人开票信息申报

到税务机关指定报税时间后，纳税人将税控盘中的开票信息形成申报数据，用税控盘或传输盘到税务局申报纳税

6 税务机关接收申报数据

税务机关从税控盘或传输盘中读出申报数据，并将监控数据和新的购票信息写入税控盘或传输盘

第二节　增值税专用发票的限额

内容一：专用发票限额管理的基本要求

专用发票实行最高开票限额管理。最高开票限额是指单份专用发票开具的销售额合计数不得达到的上限额度。

最高开票限额由一般纳税人申请，税务机关依法审批。一般纳税人申请最高开票限额时，需填报“最高开票限额申请表”。税务机关审批最高开票限额应进行实地核查。

表3-1　增值税防伪税控发票领购及最高开票限额核定申请审批表

申请日期：____年____月____日

<table>
<tr><td rowspan="10">企业填写</td><td>企业名称（盖章）</td><td></td><td>纳税人识别号</td><td></td></tr>
<tr><td>地址</td><td></td><td>联系电话</td><td></td></tr>
<tr><td>法人代表</td><td></td><td>身份证号码</td><td></td></tr>
<tr><td>经办人</td><td></td><td>身份证号码</td><td></td></tr>
<tr><td>开户银行及账号</td><td colspan="3"></td></tr>
<tr><td>一般纳税人类别</td><td colspan="3">□正式的一般纳税人　□临时认定的一般纳税人　□辅导期一般纳税人</td></tr>
<tr><td>申请领购发票种类</td><td colspan="3">□增值税专用发票联次　□三联　□六联
□增值税普通发票联次　□二联　□五联</td></tr>
<tr><td>月领购发票</td><td colspan="3">□增值税专用发票每次购票最高数量____份；每月购票最高数量____份
□增值税普通发票每次购票最高数量____份；每月购票最高数量____份</td></tr>
<tr><td>申请开票最高限额</td><td colspan="3">□增值税专用发票　□亿元　□千万元　□百万元　□十万元　□万元　□千元
□增值税普通发票　□亿元　□千万元　□百万元　□十万元　□万元　□千元</td></tr>
<tr><td>开票机数量</td><td colspan="3">台</td></tr>
</table>

（续表）

<table>
<tr><td rowspan="4">税务机关填写</td><td colspan="6">核定发票种类及数量：
□增值税专用发票联次　□三联　□六联；____次供应量____份____月供应量____份
□增值税普通发票联次　□二联　□五联；____次供应量____份____月供应量____份</td></tr>
<tr><td colspan="2">核定最高开票限额</td><td colspan="4">□增值税专用发票　□亿元　□千万元　□百万元　□十万元　□万元　□千元
□增值税普通发票　□亿元　□千万元　□百万元　□十万元　□万元　□千元</td></tr>
<tr><td colspan="2">核定开票机数量</td><td colspan="4">主开票机______台；分开票机______台</td></tr>
<tr><td>经办人意见</td><td></td><td>一审意见</td><td></td><td>二审意见</td><td></td></tr>
<tr><td>发行人员填写</td><td colspan="2">金税卡
卡号</td><td colspan="2">IC卡
卡号</td><td colspan="2">IC卡
卡号</td></tr>
</table>

说明：

1．本表适用于纳税人首次领购增值税发票的申请及防伪税控系统发行。

2．本表一式四联，第一联税源管理岗留存，用于防伪税控资格的认定；第二联增值税防伪税控系统发行岗留存，用于防伪税控发行系统信息采集；第三联增值税发售岗留存；第四联纳税人留存。

3．纳税人领取防伪税控专用设备后持本表及《增值税防伪税控系统通知书》、《票种核定通知书》到防伪税控发行柜台办理防伪税控系统发行手续。

4．“开票最高限额”是指企业开具专用发票票面金额的上限，如设为“十万”，表示企业开具专用发票票面不含税销售额只能在十万元以下。

内容二：最高开票限额的审批机关

最高开票限额不同，其审批机关也不一样，具体为：

（1）最高开票限额为10万元及以下的，由区县级税务机关审批；

（2）最高开票限额为100万元的，由地市级税务机关审批；

（3）最高开票限额为1 000万元及以上的，由省级税务机关审批。

内容三：最高开票限额的实地勘察机关

最高开票限额不同，其实地勘察机关也不同，具体为：

（1）批准使用最高开票限额为10万元及以下的，由区县级税务机关派人实地核查；

（2）批准使用最高开票限额为100万元的，由地市级税务机关派人实地核查；

（3）批准使用最高开票限额为1 000万元及以上的，由地市级税务机关派人实地核查后将核查资料报省级税务机关审核。

特别提示

最高开票限额分为一千元、一万元、十万元、百万元、千万元和亿元等，由纳税人根据实际需要填报“最高开票限额申请表”，附送购销合同、财务报表、发票领用存报表等，报主管税务机关依法审批。

第三节　增值税专用发票的初始发行与领购

事项一：增值税专用发票的初始发行

（一）什么是初始发行

初始发行是指主管税务机关将一般纳税人的下列信息载入空白金税卡和IC卡的行为。

（1）企业名称。

（2）税务登记代码。

（3）开票限额。

（4）购票限量。

（5）购票人员姓名、密码。

（6）开票机数量。

（7）国家税务总局规定的其他信息。

特别提示

一般纳税人发生上列第（1）、（3）、（4）、（5）、（6）、（7）项信息变化，应向主管税务机关申请变更发行；发生第（2）项信息变化，应向主管税务机关申请注销发行。

（二）办理初始发行的时机与须准备的资料

一般纳税人领购专用设备后，凭“最高开票限额申请表”、《发票领购簿》到主管税务机关办理初始发行。

事项二：专用发票的领购

（一）专用发票领购的条件

《国家税务总局关于修订〈增值税专用发票使用规定〉的通知》国税发〔2006〕156号第八条规定，一般纳税人有下列情形之一的，不得领购开具专用发票。

（1）会计核算不健全，不能向税务机关准确提供增值税销项税额、进项税额、应纳税额数据及其他有关增值税税务资料的。

（2）有《税收征管法》规定的税收违法行为，拒不接受税务机关处理的。

（3）有下列行为之一，经税务机关责令限期改正而仍未改正的：

①虚开增值税专用发票；

②私自印制专用发票；

③向税务机关以外的单位和个人买取专用发票；

④借用他人专用发票；

⑤未按《增值税专用发票使用规定》开具专用发票；

⑥未按规定保管专用发票和专用设备；

⑦未按规定申请办理防伪税控系统变更发行；

⑧未按规定接受税务机关检查。

有上列情形的，如已领购专用发票，主管税务机关应暂扣其结存的专用发票和IC卡。

特别提示

以下情况属于未按规定保管专用发票和专用设备：

（1）未设专人保管专用发票和专用设备；

（2）未按税务机关要求存放专用发票和专用设备；

（3）未将认证相符的专用发票抵扣联、《认证结果通知书》和《认证结果清单》装订成册；

（4）未经税务机关查验，擅自销毁专用发票基本联次。

（二）发票领购所需资料

一般纳税人去领购增值税专用发票时必须准备好以下资料：

（1）《发票核销及领购申请书》（如表3-2）；

（2）发票领购簿；

（3）税控IC卡；

（4）购票员身份证件；

（5）财务专用章或发票专用章；

（6）税务机关要求的其他资料，如已开具的最后一张增值税专用发票记账联。

表3-2 发票核销及领购申请书

____年____月____日

<table>
<tr><td rowspan="2">纳税人资料</td><td colspan="2">单位名称（公章）</td><td colspan="4"></td><td>纳税人识别号</td><td></td></tr>
<tr><td colspan="2">纳税人姓名</td><td colspan="4"></td><td>联系电话</td><td></td></tr>
<tr><td rowspan="11">已使用发票申报核销情况</td><td colspan="3">发票名称</td><td colspan="2">发票代码</td><td>份数</td><td>起讫号</td><td>销售额</td></tr>
<tr><td colspan="3">增值税专用发票</td><td colspan="2"></td><td></td><td></td><td></td></tr>
<tr><td colspan="3"></td><td colspan="2"></td><td></td><td></td><td></td></tr>
<tr><td colspan="3"></td><td colspan="2"></td><td></td><td></td><td></td></tr>
<tr><td colspan="3"></td><td colspan="2"></td><td></td><td></td><td></td></tr>
<tr><td rowspan="6">补充资料</td><td>项目</td><td colspan="4">发票名称及代码</td><td>份数</td><td>发票号码</td></tr>
<tr><td>作废</td><td colspan="4"></td><td></td><td></td></tr>
<tr><td>红冲</td><td colspan="4"></td><td></td><td></td></tr>
<tr><td>短少</td><td colspan="4"></td><td></td><td></td></tr>
<tr><td>剪销</td><td colspan="4"></td><td></td><td></td></tr>
<tr><td>收缴</td><td colspan="4"></td><td></td><td></td></tr>
<tr><td colspan="2" rowspan="4">领购申请</td><td colspan="4">发票名称</td><td colspan="2">发票代码</td><td>申请数量</td></tr>
<tr><td colspan="4"></td><td colspan="2"></td><td></td></tr>
<tr><td colspan="4"></td><td colspan="2"></td><td></td></tr>
<tr><td colspan="4"></td><td colspan="2"></td><td></td></tr>
<tr><td colspan="9">以下由税务机关填写</td></tr>
<tr><td rowspan="6">普通发票</td><td rowspan="6">验旧购新记录</td><td colspan="5">审核项目</td><td>审核结果</td><td rowspan="6">经办人:
年 月 日</td></tr>
<tr><td colspan="5">作废发票联次是否齐全</td><td></td></tr>
<tr><td colspan="5">汇总金额与申报核销金额是否一致</td><td></td></tr>
<tr><td colspan="5">超期空白发票是否剪销</td><td></td></tr>
<tr><td colspan="5">补税、罚款税票号码</td><td></td></tr>
<tr><td colspan="5">其他</td><td></td></tr>
<tr><td colspan="2" rowspan="4">发售记录</td><td colspan="3">发票名称</td><td colspan="2">发售数量</td><td>起始号码</td><td rowspan="4">经办人：
年 月 日</td></tr>
<tr><td colspan="3"></td><td colspan="2"></td><td></td></tr>
<tr><td colspan="3"></td><td colspan="2"></td><td></td></tr>
<tr><td colspan="3">完税证号</td><td colspan="2"></td><td></td></tr>
</table>

注：本表一式两份，税务机关和纳税人各存一份。

（三）日常申请购领发票

专用发票实行验旧购新制度，一般纳税人凭《发票领购簿》、IC卡、开具的最后一张发票的记账联（或复印件）和经办人身份证明到主管税务机关领购专用发票。

（1）纳税人需持《发票核销及领购申请书》到税务分局发票发售窗口，窗口人员查验旧票后在《发票核销及领购申请书》上签名。

（2）纳税人持《发票核销及领购申请书》，到税务分局发票发售窗口办理领购发票手续；纳税人购票后，需对纸质发票和《发票领购簿》注明的发票名称、号码、数量进行检查核对，发现异常立即补正。

（四）变更发票种类和数量（在原核准的发票大类内变更）

变更发票种类和数量的办理手续如下。

（1）涉及变更发票种类的，由纳税人到主管税务分局综合窗口取得拟申请的发票领购资格并将新增加的发票资格打印在《发票领购簿》上。

（2）涉及变更发票数量的，由纳税人向主管税务分局综合窗口申请，税务机关将新增加的发票资格打印在《发票领购簿》上，纳税人填写“防伪税控企业登记表”，税务机关综合窗口人员在表上签字后，纳税人到金税发行窗口办理变更发票数量事项。

纳税人持《发票核销及领购申请书》，到税务分局发票发售窗口办理领购发票手续；纳税人购票后，需对纸质发票和《发票领购簿》注明的发票名称、号码、数量进行检查核对，发现异常立即补正。

表3-3 防伪税控企业登记表

纳税人名称（可盖公章代替）：　　　　____年____月____日

<table>
<tr><td colspan="2">税号</td><td colspan="4"></td></tr>
<tr><td colspan="2">经办人</td><td></td><td>联系电话</td><td colspan="2"></td></tr>
<tr><td colspan="2">开票人</td><td></td><td>身份证号码</td><td colspan="2"></td></tr>
<tr><td colspan="2">开票人</td><td></td><td>身份证号码</td><td colspan="2"></td></tr>
<tr><td colspan="2">开票机数量</td><td colspan="4">________台</td></tr>
<tr><td rowspan="3">国税机关填写</td><td>开票机类型</td><td colspan="4">□一机一卡　□一机多卡</td></tr>
<tr><td>金税卡号码</td><td colspan="2"></td><td>IC卡号码</td><td></td></tr>
<tr><td>受理人</td><td colspan="4"></td></tr>
</table>

（续表）

增值税专用发票和税控设备使用管理责任书

为加强增值税专用发票的管理，确保防伪税控企业税控系统安全正常运行，根据有关文件精神，对增值税专用发票和税控设备的使用和管理提出如下要求，以责任书的形式确立。

1．增值税一般纳税人必须从国税机关领购使用增值税专用发票，不得非法取得使用增值税专用发票。

2．增值税专用发票按《中华人民共和国发票管理办法》和《增值税专用发票使用规定》及有关规定填开使用，并及时足额入账纳税。

3．按国税机关的要求推行增值税防伪税控开票系统，对操作中出现的问题，应及时与服务单位联系，确保税控系统的正常运行。

4．建立健全增值税专用发票和税控设备管理制度。增值税专用发票、税控IC卡必须由专人、专用保险柜保管，做好防盗、防火、防潮工作，确保增值税专用发票和税控设备的安全。主管国税机关将定期检查，达不到要求的停票整改。人员变动要办理交接手续，并及时重新签订责任书。税控设备保管责任人原则上为×××籍居民；若是外地居民必须有当地居民担保。

5．取得合法的增值税专用发票，按规定抵扣进项税额。需要认证的增值税专用发票，先认证后申报抵扣。

6．防伪税控企业必须按规定及时抄税、报税，每月报税时间为次月增值税申报期截止日之前；逾期比照未按规定申报处理。

7．防伪税控企业必须通过税控系统开具增值税专用发票。对使用非税控系统开具增值税专用发票的，国税机关按《中华人民共和国发票管理办法》进行处罚，对破坏、擅自改动、拆卸税控系统进行偷税的依法查处。

8．防伪税控企业注销或取消税控资格时要及时完成当月的报税手续，否则保管责任人或担保人将承担发生的一切后果。

9．违反增值税专用发票和税控设备使用管理规定，按《中华人民共和国税收征收管理法》和《中华人民共和国发票管理办法》的有关规定处罚。

10．增值税专用发票、税控设备如发生丢失、被盗，应在24小时之内向主管国税机关书面报告，并向公安机关报案，采取措施减少损失，接受国税机关的处理。

企业法人签字：____________________　　身份证号码：____________________

企业财务负责人签字：_______________　　身份证号码：____________________

税控设备保管人签字：_______________　　身份证号码：____________________

税控设备担保人签字：_______________　　身份证号码：____________________

注：自行开票纳税人填写，一式两份；共享机开票纳税人填写，一式三份。

第四节 专用发票的使用管理

试点地区增值税一般纳税人从事增值税应税行为（提供货物运输服务除外）统一使用增值税专用发票和增值税普通发票，一般纳税人提供货物运输服务统一使用货物运输业增值税专用发票和普通发票。

一般纳税人应通过增值税防伪税控系统（以下简称防伪税控系统）使用专用发票。使用，包括领购、开具、缴销、认证纸质专用发票及其相应的数据电文。

要点一：专用发票的开具

专用发票的开具范围和要求如下。

（一）专用发票的开具范围

一般纳税人销售货物或者提供应税劳务、应税服务，应向购买方开具专用发票，并在增值税专用发票上分别注明销售额和销项税额。注意：属于下列情形之一的，不得开具增值税专用发票：

（1）向消费者个人销售货物或者应税劳务、应税服务的；

（2）销售货物或者应税劳务、应税服务适用免税规定的；

（3）小规模纳税人销售货物或者应税劳务、应税服务的。

（二）专用发票的开具要求

开票人在开具专用发票时应按下列要求开具：

（1）项目齐全，与实际交易相符；

（2）字迹清楚，不得压线、错格；

（3）发票联和抵扣联加盖财务专用章或者发票专用章；

（4）按照增值税纳税义务的发生时间开具。

对不符合上列要求的专用发票，购买方有权拒收。

税控系统开具的发票是顺号的，在打印实物发票之前必须将系统开具发票的号码与从税务机关购得的实物发票号码进行核对，两者要一致。

特别提示

一般纳税人销售货物或者提供应税劳务可汇总开具专用发票。汇总开具专用发票的，同时使用防伪税控系统开具《销售货物或者提供应税劳务清单》，并加盖财务专用章或者发票专用章。

要点二：发票作废

一般纳税人在开具专用发票当月，发生销货退回、开票有误等情形，收到退回的发票联、抵扣联符合作废条件的，按作废处理；开具专用发票时发现有误的，可即时作废。作废专用发票应同时具备下列三个条件：

（1）收到退回的发票联、抵扣联，时间未超过销售方开票当月；

（2）销售方未抄税并且未记账；

（3）购买方未认证或者认证结果为“纳税人识别号认证不符”、“专用发票代码、号码认证不符”。

特别提示

作废专用发票必须在防伪税控系统中将相应的数据电文按“作废”处理，在纸质专用发票（含未打印的专用发票）各联次上注明“作废”字样，全联次留存。

要点三：开具红字增值税专用发票

开具红字增值税专用发票有以下几个方面的要求。

（一）开具红字增值税专用发票的申请

一般纳税人取得专用发票后，发生销货退回、开票有误等情形但不符合作废条件的，或者因销货部分退回及发生销售折让的，购买方应向主管税务机关填报“开具红字增值税专用发票申请单”（如表3-4）。

表3-4　开具红字增值税专用发票申请单

填开日期：____年____月____日　　　　　　　　　　　　　　　　　No.

<table>
<tr><td rowspan="2">销售方</td><td>名称</td><td></td><td rowspan="2">购买方</td><td>名称</td><td colspan="2"></td></tr>
<tr><td>税务登记代码</td><td></td><td>税务登记代码</td><td colspan="2"></td></tr>
<tr><td rowspan="6">开具红字专用发票内容</td><td>货物（劳务）名称</td><td>数量</td><td>单价</td><td>金额</td><td>税率</td><td>税额</td></tr>
<tr><td></td><td></td><td></td><td></td><td></td><td></td></tr>
<tr><td></td><td></td><td></td><td></td><td></td><td></td></tr>
<tr><td></td><td></td><td></td><td></td><td></td><td></td></tr>
<tr><td></td><td></td><td></td><td></td><td></td><td></td></tr>
<tr><td>合计</td><td></td><td></td><td></td><td></td><td></td></tr>
<tr><td>说明</td><td colspan="6">一、购买方申请□
对应蓝字专用发票抵扣增值税销项税额情况：
1．已抵扣□
2．未抵扣□
（1）无法认证□
（2）纳税人识别号认证不符□
（3）增值税专用发票代码、号码认证不符□
（4）所购货物不属于增值税扣税项目范围□
对应蓝字专用发票密码区内打印的代码：________________
号码：________________

二、销售方申请□
（1）因开票有误购买方拒收的□
（2）因开票有误等原因尚未交付的□
对应蓝字专用发票密码区内打印的代码：________________
号码：________________
开具红字专用发票理由：</td></tr>
</table>

申明：我单位提供的《申请单》内容真实，否则将承担相关法律责任。

申请方经办人：　　　　　　　联系电话：　　　　　　　　申请方名称（印章）：

注：本申请单一式两联，第一联申请方留存；第二联申请方所属主管税务机关留存。

（1）“申请单”所对应的蓝字专用发票应经税务机关认证。

经认证结果为“认证相符”并且已经抵扣增值税进项税额的，一般纳税人在填报“申请单”时不填写相对应的蓝字专用发票信息。

经认证结果为“纳税人识别号认证不符”、“专用发票代码、号码认证不符”的，一般纳税人在填报“申请单”时应填写相对应的蓝字专用发票信息。

（2）“申请单”一式两联：第一联由购买方留存；第二联由购买方主管税务机关留存。

（3）“申请单”应加盖一般纳税人财务专用章。对于多份发票全额退货的必须一份发票填报一份“通知单”，不得合并填报。

（二）主管税务机关的审核

主管税务机关对一般纳税人填报的“申请单”进行审核后，出具“开具红字增值税专用发票通知单”（如表3-5）。“通知单”应与“申请单”一一对应。“通知单”一式三联：第一联由购买方主管税务机关留存；第二联由购买方送交销售方留存；第三联由购买方留存。

表3-5　开具红字增值税专用发票通知单

填开日期：____年____月____日　　　　No.

<table>
<tr><td rowspan="2">销售方</td><td>名称</td><td></td><td rowspan="2">购买方</td><td>名称</td><td colspan="2"></td></tr>
<tr><td>税务登记代码</td><td></td><td>税务登记代码</td><td colspan="2"></td></tr>
<tr><td rowspan="7">开具
红字
专用
发票
内容</td><td>货物（劳务）名称</td><td>数量</td><td>单价</td><td>金额</td><td>税率</td><td>税额</td></tr>
<tr><td></td><td></td><td></td><td></td><td></td><td></td></tr>
<tr><td></td><td></td><td></td><td></td><td></td><td></td></tr>
<tr><td></td><td></td><td></td><td></td><td></td><td></td></tr>
<tr><td></td><td></td><td></td><td></td><td></td><td></td></tr>
<tr><td></td><td></td><td></td><td></td><td></td><td></td></tr>
<tr><td>合计</td><td></td><td></td><td></td><td></td><td></td></tr>
<tr><td>说明</td><td colspan="6">一、购买方申请□
对应蓝字专用发票抵扣增值税销项税额情况：
1. 需要作进项税额转出□
2. 不需要作进项税额转出□
（1）无法认证□
（2）纳税人识别号认证不符□
（3）增值税专用发票代码、号码认证不符□
（4）所购货物不属于增值税扣税项目范围□
对应蓝字专用发票密码区内打印的代码：____________________
号码：____________________</td></tr>
</table>

（续表）

<table>
<tr><td>说明</td><td>二、销售方申请□
（1）因开票有误购买方拒收的□
（2）因开票有误等原因尚未交付的□
对应蓝字专用发票密码区内打印的代码：________________
号码：________________
开具红字专用发票理由：</td></tr>
</table>

经办人： 负责人： 主管税务机关名称（印章）：

注：1．本通知单一式三联：第一联，申请方主管税务机关留存；第二联，申请方送交对方留存；第三联，申请方留存。

2．通知单应与申请单一一对应。

（三）购买方与销售方的处理方式

购买方与销售方的处理方式如图3-1所示。

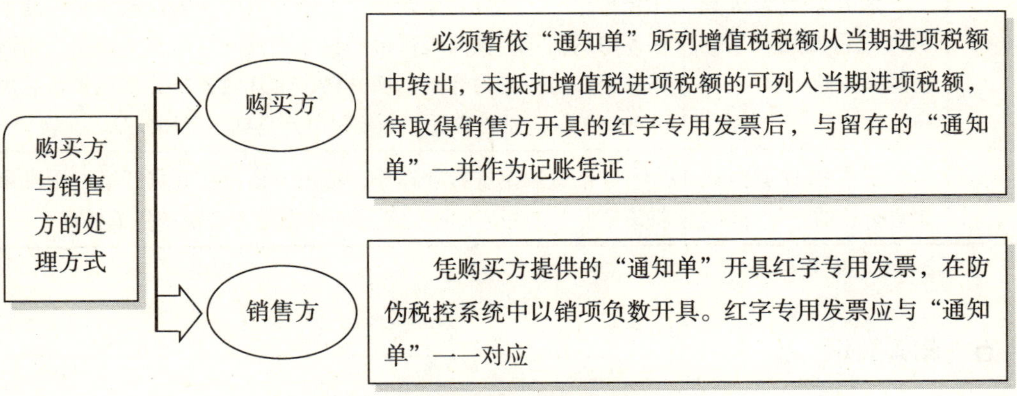

图3-1 购买方与销售方的处理方式

（四）不同情况的处理

《增值税专用发票使用规定》补充通知对增值税一般纳税人开具增值税专用发票后，发生销货退回、销售折让以及开票有误等需要开具红字专用发票的一些具体情形作了进一步说明，视不同情况分别按以下办法处理，如表3-6所示。

表3-6　不同情况下开具红字专用发票的处理要求

序号	情况区分	处理要求
1	因专用发票抵扣联、发票联均无法认证的	由购买方填报“开具红字增值税专用发票申请单”，并在“申请单”上填写具体原因以及相对应蓝字专用发票的信息，主管税务机关审核后出具“开具红字增值税专用发票通知单”。购买方不作进项税额转出处理
2	购买方所购货物不属于增值税扣税项目范围，取得的专用发票未经认证的	由购买方填报“申请单”，并在“申请单”上填写具体原因以及相对应蓝字专用发票的信息，主管税务机关审核后出具“通知单”。购买方不作进项税额转出处理
3	因开票有误购买方拒收专用发票的	销售方须在专用发票认证期限内向主管税务机关填报“申请单”，并在“申请单”上填写具体原因以及相对应蓝字专用发票的信息，同时提供由购买方出具的写明拒收理由、错误具体项目以及正确内容的书面材料，主管税务机关审核确认后出具“通知单”。销售方凭“通知单”开具红字专用发票
4	因开票有误等原因尚未将专用发票交付购买方的	销售方须在开具有误专用发票的次月内向主管税务机关填报“申请单”，并在“申请单”上填写具体原因以及相对应蓝字专用发票的信息，同时提供由销售方出具的写明具体理由、错误具体项目以及正确内容的书面材料，主管税务机关审核确认后出具“通知单”。销售方凭“通知单”开具红字专用发票
5	发生销货退回或销售折让的	除按照规定进行处理外，销售方还应在开具红字专用发票后将该笔业务的相应记账凭证复印件报送主管税务机关备案

相关知识

红字发票开具实操流程

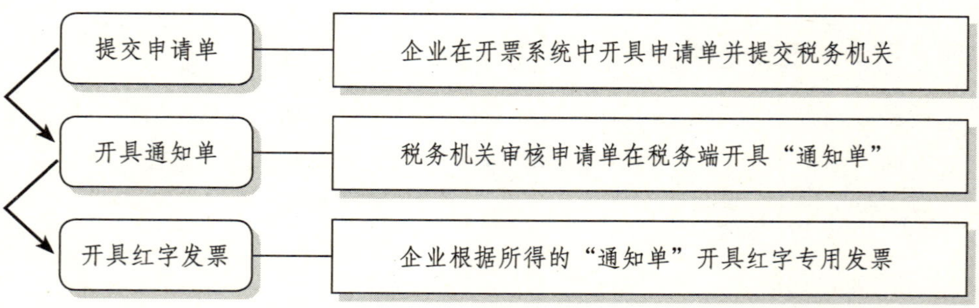

一、提交开具红字发票申请

1．纳税人在自己的发票开具系统中点击“红字发票申请单”菜单，按照原蓝字发票情况填写表格，保存后导出到电脑桌面上，同时打印两份（加盖公章）。

2．登录网上办税厅，然后点击“我的信息”栏目，在“我的办税事项”的“其他申报事项”中有“红字发票文件传送”。点击“红字发票文件上传”，点击“新建上传”后，点击“浏览”，从桌面选择您需要上传的红字增值税发票XML文件。然后点“确认”。

二、办理开具红字发票通知单

纳税人申请完成后，携带以下资料至税务分局红字发票通知单开具窗口办理手续。

（一）购货申请

属购货方申请出具“开具红字增值税专用发票通知单”时，应提供以下资料。

（1）加盖公章的纸制申请单。

（2）涉及退货、索取折扣、折让的，应提供双方同意退货或折让的证明（双方公章确认）。

（3）进项税额转出的记账凭证复印件（加盖公章）。

（4）提交原蓝字发票抵扣联、发票联原件查验。

（二）销货方

属销货方申请出具“开具红字增值税专用发票通知单”时，应提供以下资料。

（1）加盖公章的纸制申请单。

（2）属于“开票有误，购买方拒收”情况的，需提供购买方出具的拒收发票证明（加盖购买方公章），写明：

①发票代码、号码及拒收理由；

②错误具体项目及正确内容；

③注明发票未认证未抵扣；

④购货方税号开错需提供购货方税务登记证副本复印件（加盖购方公章）。属于“开票有误，发票尚未交付”情况的，需自行出具书面情况说明，注明发票尚未交付（加盖公章）。

（3）提交原蓝字发票抵扣联、发票联原件查验。

三、开具红字专用发票

销货方纳税人取得税务机关出具的开具红字发票通知书后，可在自己的开票系统中开具红字发票，开具前纳税人需要在系统中录入红字发票通知书号码。

注：开具红字发票次月报税时需提供对应的红字发票通知单复印件。

要点四：丢失专用发票的处理

丢失专用发票的处理如下。

（一）空白专用发票的丢失、被盗

一般纳税人丢失、被盗增值税专用发票必须及时上报主管税务机关，在防伪税控系统作失控发票处理。

（二）已开具专用发票的丢失

一般纳税人若丢失了已开具的专用发票，应按表3-7来加以处理。

表3-7 丢失已开具专用发票的处理措施

<table>
<tr><th>序号</th><th>丢失联次</th><th colspan="2">具体说明</th></tr>
<tr><td rowspan="2">1</td><td rowspan="2">丢失发票联和抵扣联</td><td>丢失前已认证相符的</td><td>购买方凭销售方提供的相应专用发票记账联复印件及销售方所在地主管税务机关出具的“丢失增值税专用发票已报税证明单”，经购买方主管税务机关审核同意后，可作为增值税进项税额的抵扣凭证</td></tr>
<tr><td>丢失前未认证的</td><td>购买方凭销售方提供的相应专用发票记账联复印件到主管税务机关进行认证，认证相符的凭该专用发票记账联复印件及销售方所在地主管税务机关出具的“丢失增值税专用发票已报税证明单”，经购买方主管税务机关审核同意后，可作为增值税进项税额的抵扣凭证</td></tr>
<tr><td rowspan="2">2</td><td rowspan="2">抵扣联</td><td>丢失前已认证相符的</td><td>可使用专用发票发票联复印件留存备查</td></tr>
<tr><td>丢失前未认证的</td><td>可使用专用发票发票联到主管税务机关认证，专用发票发票联复印件留存备查</td></tr>
<tr><td>3</td><td>发票联</td><td colspan="2">可将专用发票抵扣联作为记账凭证，专用发票抵扣联复印件留存备查</td></tr>
</table>

特别提示

增值税一般纳税人丢失已开具的增值税专用发票，应在规定期限内办理，若超过认证期限，即使取得销方出具的“已抄报税证明单”和记账联复印件，也无法通过认证，不得作为核算进项税额的凭证，只能作为核算成本的记账凭证。

（三）丢失海关缴款书

如果增值税一般纳税人丢失海关缴款书，应在规定期限内凭报关地海关出具的相关已完税证明，向主管税务机关提出抵扣申请。主管税务机关受理申请后，应当进行审核，并将纳税人提供的海关缴款书电子数据纳入稽核系统进行比对。稽核比对无误后，方可允许计算进项税额抵扣。

特别提示

一般纳税人注销税务登记或者转为小规模纳税人，应将专用设备和结存未用的纸质专用发票送交主管税务机关。

相关知识

增值税专用发票的稽核比对

主管税务机关通过防伪税控报税系统采集纳税人开票存根联数据，通过防伪税控认证系统采集纳税人认证的抵扣联，一并上传到增值税稽核比对系统，系统通过抵扣联找存根联的方式进行查找比对。匹配不到相应存根联的抵扣联称为缺联票，说明销方企业未报税。这类抵扣联已抵扣的税款需要先作进项税额转出，同时主管税务机关通过系统发起协查，然后根据对方回复的核查结果确定是否允许抵扣。能匹配到相应存根联的抵扣联，系统则将抵扣联与存根联的发票数据信息进行比对。比对结果分为相符发票、不符发票、属于作废发票、属于失控和重号发票等，除相符发票外，其他类型比对结果的发票都要由主管税务机关通过系统发起协查，并根据销方税务机关回复的核查结果分别作出处理。

第四章
营改增后增值税申报

引言

营业税改增值税后，在纳税申报时也有一定的变化，许多企业有点忙乱，对于如何抵扣进项、如何计算应缴增值税等把握不准，对于如何填写增值税纳税申报表也是不太清楚，而这会直接影响增值税的申报工作。本节则重点介绍营改增后增值税申报的具体业务的办理。

第一节　营改增后增值税申报要点

要点一：在报税时限内报税

纳税人以1个月或者1个季度为1个纳税期的，自期满之日起15日内申报纳税；以1日、3日、5日、10日或者15日为1个纳税期的，自期满之日起5日内预缴税款，于次月1日起15日内申报纳税并结清上月应纳税款。

相关知识

纳税申报的法律责任

《中华人民共和国税收征收管理法》第三十二条："纳税人未按照规定期限缴纳税款的，扣缴义务人未按照规定期限解缴税款的，税务机关除责令限期缴纳外，从滞纳税款之日起，按日加收滞纳税款万分之五的滞纳金。"

《中华人民共和国税收征收管理法》第六十二条："纳税人未按照规定的期限办理纳税申报和报送纳税资料的，或者扣缴义务人未按照规定的期限向税务机关报送代扣代缴、代收代缴税款报告表和有关资料的，由税务机关责令限期改正，可以处二千元以下的罚款；情节严重的，可以处二千元以上一万元以下的罚款。"

《中华人民共和国税收征收管理法》第六十三条："纳税人伪造、变造、隐匿、擅自销毁账簿、记账凭证，或者在账簿上多列支出或者不列、少列收入，或者经税务机关通知申报而拒不申报或者进行虚假的纳税申报，不缴或者少缴应纳税款的，是偷税。对纳税人偷税的，由税务机关追缴其不缴或者少缴的税款、滞纳金，并处不缴或者少缴的税款百分之五十以上五倍以下的罚款；构成犯罪的，依法追究刑事责任。扣缴义务人采取前款所列手段，不缴或者少缴已扣、已收税款，由税务机关追缴其不缴或者少缴的税款、滞纳金，并处不缴或者少缴的税款百分之五十以上五倍以下的罚款；构成犯罪的，依法追究刑事责任。"

《中华人民共和国税收征收管理法》第六十四条："纳税人、扣缴义务人编造虚假计税依据的，由税务机关责令限期改正，并处五万元以下的罚款。纳税人不进行纳税申报，不缴或者少缴应纳税款的，由税务机关追缴其不缴或者少缴的税款、滞纳金，并处不缴或者少缴的税款百分之五十以上五倍以下的罚款。"

《中华人民共和国税收征收管理法》第六十五条：“纳税人欠缴应纳税款，采取转移或者隐匿财产的手段，妨碍税务机关追缴欠缴的税款的，由税务机关追缴欠缴的税款、滞纳金，并处欠缴税款百分之五十以上五倍以下的罚款；构成犯罪的，依法追究刑事责任。”

要点二：准备报税时应携带的资料

纳税人在报税时应准备好以下申报资料。

（一）填报资料

1. 纳税申报表

（1）“增值税纳税申报表”。

（2）“增值税纳税申报表”附列资料（一）（本期销售情况明细）。

（3）“增值税纳税申报表”附列资料（二）（本期进项税额明细）。

（4）“本期销售额减除项目金额明细表”。

（5）“本期可抵减税额明细表”。

（6）“固定资产进项税额抵扣情况表”。

2. 未发生销售额减除或抵减税额

未发生销售额减除项目金额，不填报“本期销售额减除项目金额明细表”；未发生可抵减税额，不填报“本期可抵减税额明细表”。

3. 兼营非试点项目

纳税人兼营非试点营业税项目的，对非试点的营业税项目应继续填报原营业税申报表，对试点项目应填报新增值税纳税申报表。

（二）纳税备查资料

（1）已开具的增值税专用发票和普通发票存根联。

（2）符合抵扣条件并且在本期申报抵扣的增值税专用发票抵扣联。

（3）海关进口货物增值税专用缴款书、运输发票、购进农产品普通发票的复印件。

（4）收购凭证的存根联或报查联。

（5）代扣代缴税款凭证存根联、发票、合同和付款凭证等。

（6）主管税务机关规定的其他备查资料。

要点三：抄税、报税

一般纳税人开具专用发票应在增值税纳税申报期内利用IC卡（报税盘、传输盘）对上月开票数据进行抄税（即用IC卡向主管税务机关抄报开票信息）后向主管税务机关报税，在开票所属月份内可分次向主管税务机关抄税和报税。

抄税是指报税前用IC卡（报税盘、传输盘）从开票金税卡抄取开票数据电文。

报税是指纳税人将抄有开票数据电文的IC卡（报税盘、传输盘）报送主管税务机关，由主管税务机关将IC卡中的开票数据传送到防伪税控系统。

抄报税工作是在防伪税控系统中进行的，一般是在征收期内进行，进行完抄报税后才能清盘。

特别提示

因金税盘、报税盘质量等问题无法正常报税的，应及时更换金税盘、报税盘。在更换期间，纳税人应提供已开具但未向税务机关报税的专用发票记账联原件或者复件印，由主管税务机关补采集开票数据。

相关知识

营改增小规模纳税人金税盘使用操作流程

首先要同时插入金税盘、报税盘。

一、注册报税盘

点击“报税处理”模块，再点击菜单栏上的“抄报税管理”，选中“抄报税管理”中的“注册报税盘”，按系统提示插入报税盘，点击“确认”即可。

二、远程抄报注册与相关参数设置方法

1．下载注册文件

登录航天金税主页（www.64155500.com），在公司主页中选择远程抄报安装入口，在第一项点击下载注册文件，需输入用户名（本企业税号）、密码（税号后六位）登录，下载于桌面备用。

注意：仅下载注册文件，注册文件每年下载一次。

2．安装注册文件

在桌面点击安全开票（防伪开票），点击“系统管理”按钮，再点击“系统注册”，选择“注册信息”选项卡，点击“安装注册文件”，在弹出的对话框中选中下载的注册文件打开，当提示远程抄报安装成功时即可。

3. 设置远程抄报参数

在桌面点击安全开票（防伪开票），点击进入系统，以管理员身份登录系统，点击“系统设置”模块中的参数设置，在“远程抄报”中设置参数，服务器：http1.1服务器，受理目录SkpDo，IP地址：202.106.82.204，端口：80，点击确定退出即可。

三、抄税

在“报税处理”模块里点击“抄税处理”选择“本期资料”，点击“确定”提示抄税处理成功。

报税：点击“远程抄报”模块，点击“报税状态”，提示成功，点击“远程报税”，提示正在上传，随后提示成功，点击“报税结果”，提示报税成功，点击“清卡”，提示成功后点击“确认”，重新进入系统，报税完成。

要点四：专用发票的认证

增值税一般纳税人取得的增值税专用发票、货物运输增值税专用发票、公路内河货物运输业统一发票和机动车销售统一发票、海关进口增值税专用缴款书，属于增值税抵扣项目范围，用于抵扣增值税进项税额的，必须经过税务机关认证，只有在认证相符的情况下才能作为核算进项税额的凭证。认证相符的专用发票不得退还销售方。

特别提示

增值税专用发票、海关进口增值税专用缴款书、运输费用结算单据都有必须在发票开具之日起180天内认证、抵扣的时限规定。

（一）什么是专用发票的认证

专用发票认证是税务机关通过防伪税控系统对专用发票所列数据识别、确认的过程。

1. 认证的内容

专用发票认证系统对发票密码区的密码进行解密，还原为构成发票内容的七要素：

（1）发票代码；

（2）发票号码；

（3）开票日期；

（4）销方纳税人识别号；

（5）购方纳税人识别号；

（6）开票金额；

（7）税额。

并将解译信息与明文进行比对。

2．专用发票认证的结果

专用发票认证结果分为认证相符、认证不符两种，如图4-1所示。

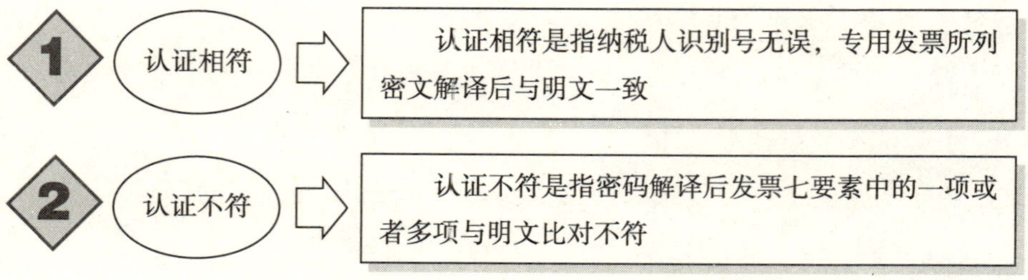

图4-1　专用发票认证的两种结果

（二）专用发票认证的方式

现在对抵扣联的认证已不仅仅停留在税务机关的认证系统了，纳税人也可选择远程认证的方式，自行在公司通过互联网对抵扣联实施网上认证，这样可以省去纳税人来回奔波和在税务机关等待的时间。实行哪种认证方式由纳税人自主选择。

相关知识

网上认证

一、什么是网上认证

网上认证是由纳税人通过扫描方法将专用发票抵扣联的主要信息（包括开票日期、发票代码、发票号码、购销双方的税务登记号、金额、税额和发票上的84位密文转化为发票电子数据），在一定安全机制下，将发票电子数据加密后通过互联网络传输到国税机关，经国税机关的防伪税控认证子系统对84位密文解密还原，再与发票电子表数据中的明文相应内容进行自动对比，产生认证结果，并将认证结果回传给纳税人的一种认证方法。

二、网上认证的纳税人应具备什么条件

（1）必须是增值税一般纳税人。

（2）已经用网上认证企业端系统，且该系统符合本省国税局专用发票网上认证系统的业务需求。

（3）操作人员经专门培训，能熟练掌握网上认证操作要求。

三、网上认证的企业需要做什么准备

（1）可以上网的电脑。

（2）购置网上认证企业端软件。

（3）扫描仪。

四、网上认证对纳税人有什么好处

（1）纳税人认证专用发票不用上国税机关。原来办税大厅窗口认证，纳税人要携带专用发票到税务机关，需要来往奔波，既费时又不利于专用发票安全保管。网上认证发票不出门就可以得到认证，大大减少了发票丢失的可能和麻烦。

（2）可即时鉴定专用发票抵扣联真伪。原来办税大厅窗口认证，纳税人一般每个月末来一次，待认证发现发票有问题时，往往为时已晚，纳税人因此经常遭到损失。通过网上认证，纳税人可以即时知道专用发票抵扣联的真伪，从而避免发票带来的经济损失。

（3）消除了发票认证的空间限制。原窗口认证，一次性认证发票的数量大，认证人数多，造成纳税人认证等待时间长，认证效率不高。网上认证缩短了纳税人与国税机关时空上的距离，纳税人可以随时将获得的专用发票抵扣联通过网上认证，更不需要到国家机关排队等候认证。

（4）纳税人可以将已经认证通过的数据导入电子申报系统（税控机，网上报税系统）产生纳税申报表，更方便纳税申报。

五、网上认证有什么要特别注意的事项

（1）进行网上认证的发票必须是已取得的属于扣税范围的伪税控系统开具的增值税专用发票抵扣联。

（2）禁止对企业销项专用发票及其他抵扣联专用发票进行网上认证。

六、网上认证怎么申请

（1）纳税人到主管国税分局，填写“增值税专用发票网上认证申请表”，提出申请。

（2）服务单位上门安装网上认证企业端软件，并负责培训。

增值税专用发票网上认证申请表

企业全称（公章）：　　　　　　　　　　　　　　　　填表日期：

<table>
<tr><td>企业税号</td><td></td><td>企业管理码</td><td></td></tr>
<tr><td>经营地址</td><td></td><td>电话</td><td></td></tr>
<tr><td>注册类型</td><td></td><td>邮政编码</td><td></td></tr>
<tr><td>法人代表</td><td></td><td>身份证号码</td><td></td></tr>
<tr><td>认证人员</td><td></td><td>身份证号码</td><td></td></tr>
<tr><td>认证人员</td><td></td><td>身份证号码</td><td></td></tr>
<tr><td>一般纳税人
认定日期</td><td></td><td>月认证发票
数量</td><td></td></tr>
<tr><td>计算机型号</td><td colspan="3"></td></tr>
<tr><td>专线接入方式</td><td colspan="3">□宽带方式是否中国电信固定电话　□是　□否</td></tr>
<tr><td colspan="4">国税机关审核意见：

（盖章）
经办人：　　　　　　　　年　　月　　日</td></tr>
</table>

本表一式两份，区县级国税局两份、服务单位、企业各执一份。

（三）专用发票认证的工作流程

专用发票认证的工作流程如图4-2所示。

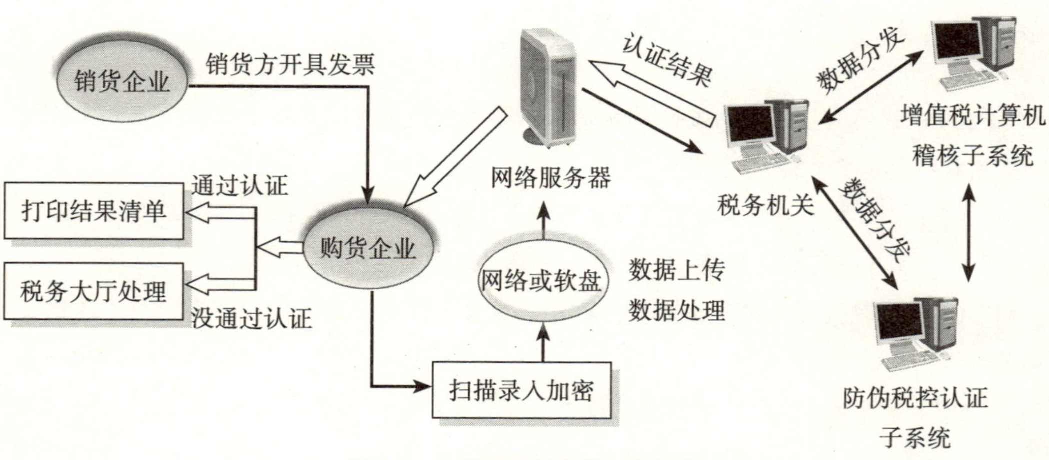

图4-2　专用发票认证的工作流程

（四）专用发票认证中一些问题的处理

1．专用发票抵扣联无法认证的处理

专用发票抵扣联无法认证的，可使用专用发票发票联到主管税务机关认证。专用发票发票联复印件留存备查。

2．经认证须重开专用发票的情形

经认证，有下列情形之一的，不得作为增值税进项税额的抵扣凭证，税务机关退还原件，购买方可要求销售方重新开具专用发票。

（1）无法认证的发票。无法认证是指专用发票所列密文或者明文不能辨认，无法产生认证结果。

（2）纳税人识别号认证不符的发票。纳税人识别号认证不符是指专用发票所列购买方纳税人识别号有误。

（3）专用发票代码、号码认证不符的发票。专用发票代码、号码认证不符是指专用发票所列密文解译后与明文的代码或者号码不一致。

3．经认证须扣留原件分别处理的情形

经认证，有下列情形之一的，暂不得作为增值税进项税额的抵扣凭证，税务机关扣留原件，查明原因，分情况进行处理。

（1）重复认证：是指已经认证相符的同一张专用发票再次认证。

（2）密文有误：是指专用发票所列密文无法解译。

（3）认证不符：是指纳税人识别号有误，或者专用发票所列密文解译后与明文不一致。

这里的纳税人识别号有误是指发票所列纳税人识别号是正确的，而解密的纳税人识别号与明文不符。

（4）列为失控的专用发票：是指认证时的专用发票已被登记为失控专用发票。

要点五：税款缴纳

国税机关为纳税人提供多元化电子缴税方式，包括前台实时缴税、网上扣税、储蓄扣税和POS机刷卡缴税。选用前台实时缴税、网上扣税和储蓄扣税方式的纳税人，需在办理税种核定后与联网商业银行签订《委托代扣税款协议书》。协议签订注意事项如下。

（1）纳税人需持税务登记证（原件及复印件，复印件上加盖公章）、公章、经办人身份证件到各联网银行签订《委托代扣税款协议书》（以下简称“协议”）。

（2）各联网银行协议签订的办理时间为工作日，节假日不办理对公业务。

（3）除个体工商户及汇总申报企业外，签订协议的企业银行账号需与纳税人名称一致。

（4）协议签订完成后立即生效，纳税人可到办税大厅前台进行实时缴税，网上扣税需次日才能操作。

第二节 营改增后纳税申报表（一般纳税人）的填写

表格一："增值税纳税申报表"（适用一般纳税人）主表

（一）"增值税纳税申报表"（适用一般纳税人）主表样式

"增值税纳税申报表"（适用一般纳税人）的主表如表4-1所示。

表4-1 "增值税纳税申报表"（适用一般纳税人）主表

根据《中华人民共和国增值税暂行条例》和《交通运输业和部分现代服务业营业税改征增值税试点实施办法》的规定制定本表。纳税人不论有无销售额，均应按主管税务机关核定的纳税期限按期填报本表，并向当地税务机关申报。

税款所属时间：自____年____月____日至____年____月____日

填表日期：____年____月____日　　金额单位：元至角分

纳税人识别号																					所属行业：

纳税人名称	（公章）	法定代表人姓名		注册地址		营业地址	
开户银行及账号		企业登记注册类型				电话号码	

项目		栏次	一般货物及劳务和应税服务		即征即退货物及劳务和应税服务	
			本月数	本年累计	本月数	本年累计
销售额	（一）按适用税率征税销售额	1				
	其中：应税货物销售额	2				
	应税劳务销售额	3				
	纳税检查调整的销售额	4				
	（二）按简易征收办法征税销售额	5				

（续表）

项　目		栏次	一般货物及劳务和应税服务		即征即退货物及劳务和应税服务	
			本月数	本年累计	本月数	本年累计
销售额	其中：纳税检查调整的销售额	6				
	（三）免、抵、退办法出口销售额	7				
	（四）免税销售额	8			——	——
	其中：免税货物销售额	9			——	——
	免税劳务销售额	10			——	——
税款计算	销项税额	11				
	进项税额	12				
	上期留抵税额	13				——
	进项税额转出	14				
	免、抵、退应退税额	15			——	——
	按适用税率计算的纳税检查应补缴税额	16			——	——
	应抵扣税额合计	17=12+13−14−15+16		——		——
	实际抵扣税额	18（如17<11，则为17，否则为11）				
	应纳税额	19=11−18				
	期末留抵税额	20=17−18				——
	简易征收办法计算的应纳税额	21				
	按简易征收办法计算的纳税检查应补缴税额	22			——	——
	应纳税额减征额	23				
	应纳税额合计	24=19+21−23				
税款缴纳	期初未缴税额（多缴为负数）	25				
	实收出口开具专用缴款书退税额	26				
	本期已缴税额	27=28+29+30+31				
	①分次预缴税额	28				
	②出口开具专用缴款书预缴税额	29				

（续表）

<table>
<tr><th colspan="2" rowspan="2">项　目</th><th rowspan="2">栏次</th><th colspan="2">一般货物及劳务和应税服务</th><th colspan="2">即征即退货物及劳务和应税服务</th></tr>
<tr><th>本月数</th><th>本年累计</th><th>本月数</th><th>本年累计</th></tr>
<tr><td rowspan="9">税款缴纳</td><td>③本期缴纳上期应纳税额</td><td>30</td><td></td><td></td><td></td><td></td></tr>
<tr><td>④本期缴纳欠缴税额</td><td>31</td><td></td><td></td><td></td><td></td></tr>
<tr><td>期末未缴税额（多缴为负数）</td><td>32=24+25+26-27</td><td></td><td></td><td></td><td></td></tr>
<tr><td>其中：欠缴税额（≥0）</td><td>33=25+26-27</td><td></td><td>——</td><td></td><td>——</td></tr>
<tr><td>本期应补（退）税额</td><td>34＝24-28-29</td><td></td><td>——</td><td></td><td>——</td></tr>
<tr><td>即征即退实际退税额</td><td>35</td><td>——</td><td>——</td><td></td><td></td></tr>
<tr><td>期初未缴查补税额</td><td>36</td><td></td><td></td><td>——</td><td>——</td></tr>
<tr><td>本期入库查补税额</td><td>37</td><td></td><td></td><td>——</td><td>——</td></tr>
<tr><td>期末未缴查补税额</td><td>38=16+22+36-37</td><td></td><td></td><td>——</td><td>——</td></tr>
<tr><td>授权声明</td><td colspan="2">如果你已委托代理人申报，请填写下列资料：
为代理一切税务事宜，现授权（地址）　　　　为本纳税人的代理申报人，任何与本申报表有关的往来文件，都可寄予此人。
授权人签字：</td><td>申报人声明</td><td colspan="3">此纳税申报表是根据《中华人民共和国增值税暂行条例》的规定填报的，我相信它是真实的、可靠的、完整的。
声明人签字：</td></tr>
</table>

以下由税务机关填写：

收到日期：　　　　　　　　　接收人：　　　　　　　　　主管税务机关盖章：

（二）无兼营情况的一般纳税人的填写

营改增后的增值税一般纳税人发生应税服务而未兼有销售货物以及提供加工修理修配劳务情形下，按以下说明填写纳税申报资料：一般情况下，纳税人只填写本表“一般货物及劳务和应税服务”列的相关栏次；如纳税人有“安置残疾人就业单位”、“管道运输服务”、“经批准提供有形动产融资租赁服务”等“即征即退”优惠项目，应填写本表“即征即退货物及劳务和应税服务”列的相关栏次。

营改增后“增值税纳税申报表”（适用一般纳税人）的填写说明如表4-2所示。

表4-2　营改增后"增值税纳税申报表"（适用一般纳税人）的填写要求

项目	栏次	栏目名称	填写说明
销售额	第1栏	"（一）按适用税率征税销售额"	填写应税服务按一般计税方法计算缴纳增值税的销售额，如果应税服务有扣除项目的，本栏应填写扣除之前的不含税销售额。与"附表一"的逻辑关系： （1）本栏"一般货物及劳务和应税服务"列"本月数"＝"附表一"第9列第2、4、5行之和—第9列第7行 （2）本栏"即征即退货物及劳务和应税服务"列"本月数"＝"附表一"第9列第7行
	第2栏	应税货物销售额	不需填报
	第3栏	应税劳务销售额	不需填报
	第4栏	纳税检查调整的销售额	填写纳税人因税务、财政、审计部门检查，并按一般计税方法在本期计算调整的销售额。如果应税服务有扣除项目的，本栏应填写扣除之前的不含税销售额。需要注意： （1）如享受即征即退税收优惠政策应税服务，经纳税检查发现的，不得填入"即征即退货物及劳务和应税服务"列，应填入"一般货物及劳务和应税服务"列 （2）本栏"一般货物及劳务和应税服务"列"本月数"＝"附表一"第7列第2、4、5行之和
	第5栏	按简易征收办法征税销售额	属于按税法规定实行简易计税方法的纳税人，按简易计税方法征收增值税的销售额填报。如果应税服务有扣除项目的，本栏应填写扣除之前的不含税销售额。与"附表一"的逻辑关系： （1）本栏"一般货物及劳务和应税服务"列"本月数"＝"附表一"第9列第12行—第9列第14行 （2）本栏"即征即退货物及劳务和应税服务"列"本月数"＝"附表一"第9列第14行
	第6栏	纳税检查调整的销售额	不需填报
	第7栏	免、抵、退办法出口销售额	反映纳税人本期执行免、抵、退税办法的出口货物、劳务和应税服务的销售额，应税服务有扣除项目的，本栏应填写扣除之前的销售额

（续表）

项目	栏次	栏目名称	填写说明
销售额	第8栏	免税销售额	填写纳税人本期按照税法规定免征增值税的销售额（不包含适用免、抵、退税办法的销售额）。如果应税服务有扣除项目的，本栏应填写扣除之前的不含税销售额。与“附表一”的逻辑关系： 本栏“一般货物及劳务和应税服务”列“本月数”=“附表一”第9列第18行
	第9栏	免税货物销售额	不需填报
	第10栏	免税劳务销售额	不需填报
税款计算	第11栏	销项税额	填写纳税人本期按一般计税方法征税应税服务的销项税额。如果应税服务有扣除项目的，本栏填写扣除之后的销项税额。与“附表一”的逻辑关系： （1）本栏“一般货物及劳务和应税服务”列“本月数”=“附表一”第14列第2、4、5行之和-14列第7行。 （2）本栏“即征即退货物及劳务和应税服务”列“本月数”=“附表一”第14列第7行
	第12栏	进项税额	填写纳税人本期申报抵扣的进项税额。与“附表二”的逻辑关系： 本栏“一般货物及劳务和应税服务”列“本月数”+“即征即退货物及劳务和应税服务”列“本月数”=“附表二”第12栏“税额”
	第13栏	上期留抵税额	“本月数”：试点新增一般纳税人所属期2012年10月份本栏为0；以后各期按上期申报表第20栏“期末留抵税额”的“本月数”填写。“本年累计”填“0”
	第14栏	进项税额转出	填写纳税人已经抵扣但按税法规定应作进项税转出的进项税额。与“附表二”的逻辑关系： 本栏“一般货物及劳务和应税服务”列“本月数”+“即征即退货物及劳务和应税服务”列“本月数”=“附表二”第13栏“税额”
	第15栏	免、抵、退应退税额	不需填报

（续表）

项目	栏次	栏目名称	填写说明
税款计算	第16栏	按适用税率计算的纳税检查应补缴税额	填写税务、财政、审计部门检查，按一般计税方法计算征税的纳税检查应补缴的增值税税额。本栏与“附表一”、“附表二”的逻辑关系： 本栏“一般货物及劳务和应税服务”列“本月数”≤“附表一”第8列第2、4、5行之和＋“附表二”第19栏
	第17栏	应抵扣税额合计	填写纳税人本期应抵扣进项税额的合计数。按表中公式“17栏＝12栏+13栏–14栏–15栏+16栏”进行填写
	第18栏	实际抵扣税额	“本月数”，按表中判断条件“如第17栏＜第11栏，则为第17栏，否则为第11栏”进行填写，“本年累计”填“0”
	第19栏	应纳税额	按表中公式“19栏＝11栏–18栏”填写
	第20栏	期末留抵税额	“本月数”，按表中公式“20栏＝17栏–18栏”计算填写。“本年累计”填“0”
	第21栏	简易征收办法计算的应纳税额	填写本期按简易计税方法计算并应缴纳的增值税额，不包含按简易计税方法计算的纳税检查应补缴税额。如果应税服务有扣除项目的，本栏应填写扣除之后的应纳税额。与“附表一”的逻辑关系： （1）本栏“一般货物及劳务和应税服务”列“本月数”＝“附表一”第14列第12行–第14列第14行 （2）本栏“即征即退货物及劳务和应税服务”列“本月数”＝“附表一”第14列第14行
	第22栏	按简易征收办法计算的纳税检查应缴税额	不需填报
	第23栏	应纳税额减征额	填写纳税人发生按照税法规定减征的增值税应纳税额，包括可在增值税应纳税额中全额抵减的增值税税控系统专用设备费用以及技术维护费（注意：该栏数据不得大于第19栏与第21栏之和）
	第24栏	应纳税额合计	按表中公式“24栏=19栏+21栏–23栏”计算填写

（续表）

项目	栏次	栏目名称	填写说明
税款缴纳	第25栏	期初未缴税额（多缴为负数）	不需填报
	第26栏	实收出口开具专用缴款书退税额	不需填报
	第27栏	本期已缴税额	不需填报
	第28栏	分次预缴税额	填写纳税人预缴的税款所属期为本期的增值税额。本栏填写内容包含： （1）独立缴纳增值税的纳税人，按照税法规定在本地或异地预缴且准予抵减本期应纳税额的增值税额 （2）汇总缴纳增值税的纳税人，按照税法规定在异地预缴且准予抵减本期应纳税额的增值税额
	第29栏	出口开具专用缴款书预缴税额	不需填报
	第30栏	本期缴纳上期应纳税额	不需填报
	第31栏	本期缴纳欠缴税额	不需填报
	第32栏	期末未缴税额（多缴为负数）	不需填报
	第33栏	欠缴税额（≥0）	不需填报
	第34栏	本期应补（退）税额	按表中公式“34栏＝24栏-28栏+29栏”计算填写
	第35栏	即征即退实际退税额	填写纳税人本期因符合增值税即征即退优惠政策的规定，而实际收到的税务机关退回的增值税额
	第36栏	期初未缴查补税额	不需填报
	第37栏	本期入库查补税额	不需填报
	第38栏	期末未缴查补税额	不需填报

（三）有兼营情况的一般纳税人

试点增值税一般纳税人情形下，除当期取得进项税额外，应当分别核算并按表内与表间关系在申报表各栏次填写。需要注意发生应税服务同时兼有销售货物以及提供加工修理修配劳务的纳税人，税款所属期2012年9月份的《主表》第20栏“期末留抵税额”之“一般货物及劳务”列“本月数”大于零，此部分的留抵税额按规定须“挂账”处理，只抵减以后各期应税货物及劳务部分的销项税额。

具体填写时按表4-3的说明填写纳税申报资料。

表4-3 主表填写重点说明事项

栏次	栏目名称	填写要求
第13栏	上期留抵税额	依规定留抵税额须挂账处理的纳税人，按以下要求填写本栏的“本月数”和“本年累计”： （1）本栏“一般货物及劳务和应税服务”列“本月数”，税款所属期2012年10月份填写“0”；以后各期按上期申报表第20栏“期末留抵税额”之“一般货物及劳务和应税服务”列“本月数”填写 （2）本栏“一般货物及劳务和应税服务”列“本年累计”，税款所属期2012年10月份按所属期9月份申报表的第20栏“期末留抵税额”之“一般货物及劳务”列“本月数”填写；以后各期按上期申报表第20栏“期末留抵税额”之“一般货物及劳务和应税服务”列“本年累计”填写 （3）本栏“即征即退货物及劳务和应税服务”列“本月数”，税款所属期2012年10月份按所属期9月份申报表的第20栏“期末留抵税额”之“即征即退货物及劳务”列“本月数”填写；以后各期按上期申报表第20栏“期末留抵税额”之“即征即退货物及劳务和应税服务”列“本月数”填写。本栏“即征即退货物及劳务和应税服务”列“本年累计数”不需要填写
第17栏	应抵扣税额合计	“本月数”填写纳税人本期应抵扣进项税额的合计数，不包括2012年9月30日期末留抵税额按规定须挂账的留抵税额。“本年累计数”不需要填写
第18栏	实际抵扣税额	依规定留抵税额须挂账处理的纳税人，按以下要求填写本栏的“本月数”和“本年累计” （1）本栏“一般货物及劳务和应税服务”列“本月数”按表中所列判断公式填写 （2）本栏“一般货物及劳务和应税服务”列“本年累计”，需要将“挂账留抵税额本期期初余额”与“一般计税方法的一般货物及劳务应纳税额”两个数据相比较，取二者之中小的数据 挂账留抵税额本期期初余额＝第13栏“上期留抵税额”之“一般货物及劳务和应税服务”列“本年累计” 一般计税方法的一般货物及劳务应纳税额＝（第11栏“销项税额”之“一般货物及劳务和应税服务”列“本月数”—第18栏“实际抵扣税额”之“一般货物及劳务和应税服务”列“本月数”）×一般货物及劳务销项税额比例

（续表）

栏次	栏目名称	填写要求
第18栏	实际抵扣税额	一般货物及劳务销项税额比例＝（“附表一”第10列第1、3行之和—第10列第6行）÷第11栏“销项税额”×100% （3）本栏“即征即退货物及劳务和应税服务”列“本月数”按表中所列公式计算填写
第19栏	应纳税额	“一般货物及劳务和应税服务”列“本月数”＝第11栏“销项税额”之“一般货物及劳务和应税服务”列“本月数”—第18栏“实际抵扣税额”之“一般货物及劳务和应税服务”列“本月数”—第18栏“实际抵扣税额”之“一般货物及劳务和应税服务”列“本年累计”
第19栏	应纳税额	“即征即退货物及劳务和应税服务”列“本月数”＝第11栏“销项税额”之“即征即退货物及劳务和应税服务”列“本月数”—第18栏“实际抵扣税额”之“即征即退货物及劳务和应税服务”列“本月数”
第20栏	期末留抵税额	依规定留抵税额须挂账处理的纳税人，按以下要求填写本栏的“本月数”和“本年累计”： （1）本栏“一般货物及劳务和应税服务”列“本月数”：按表中所列公式计算填写 （2）本栏“一般货物及劳务和应税服务”列“本年累计”：反映挂账留抵税额本期期末余额（本栏“一般货物及劳务和应税服务”列“本年累计”＝第13栏“上期留抵税额”之“一般货物及劳务和应税服务”列“本年累计”—第18栏“实际抵扣税额”之“一般货物及劳务和应税服务”列“本年累计”） （3）本栏“即征即退货物及劳务和应税服务”列“本月数”：按表中所列公式计算填写

表格二：附表一“本期销售情况明细”的填写要求

（一）表格样式

“增值税纳税申报表”的附表一“本期销售情况明细”如表4-4所示。

表4-4 本期销售情况明细

税款所属时间：自____年____月____日至____年____月____日

填表日期：____年____月____日

金额单位：元至角分

项目及栏次				开具税控增值税专用发票		开具其他发票		未开具发票		纳税检查调整		合计			应税服务扣除项目本期实际扣除金额	扣除后	
				销售额	销项（应纳）税额	销售额	销项（应纳）税额	销售额	销项（应纳）税额	销售额	销项（应纳）税额	销售额	销项（应纳）税额	价税合计		含税（免税）销售额	销项（应纳）税额
				1	2	3	4	5	6	7	8	9=1+3+5+7	10=2+4+6+8	11=9+10	12	13=11-12	14=13÷（100%+税率或征收率）×税率或征收率
一、一般计税方法征税	全部征税项目	17%税率的货物及加工修理修配劳务	1											—	—	—	—
		17%税率的有形动产租赁服务	2														
		13%税率	3											—	—	—	—
		11%税率	4														
		6%税率	5														

（续表）

一、一般计税方法征税	其中：即征即退项目	即征即退货物及加工修理修配劳务	6	—	—	—	—	—	—	—	—			—	—	—	—
		即征即退应税服务	7	—	—	—	—	—	—	—	—						
二、简易计税方法征税	全部征税项目	6%征收率	8							—	—			—	—	—	—
		5%征收率	9							—	—			—	—	—	—
		4%征收率	10							—	—			—	—	—	—
		3%征收率的货物及加工修理修配劳务	11							—	—			—	—	—	—
		3%征收率的应税服务	12							—	—						
	其中：即征即退项目	即征即退货物及加工修理修配劳务	13	—	—	—	—	—	—	—	—			—	—	—	—
		即征即退应税服务	14	—	—	—	—	—	—	—	—						
三、免抵退税	货物及加工修理修配劳务		15	—	—		—		—	—	—		—	—	—	—	—
	应税服务		16	—	—		—		—	—	—		—				—
四、免税	货物及加工修理修配劳务		17				—		—	—	—		—	—	—	—	—
	应税服务		18	—	—		—		—	—	—		—				—

（二）填写说明

1．行次填写说明

行次填写说明如表4-5所示。

表4-5　行次填写说明

<table>
<tr><th>项目</th><th>栏次</th><th>栏目名称</th><th>填写说明</th></tr>
<tr><td rowspan="7">一般计税方法征税</td><td>第1栏</td><td>17%税率的货物及加工修理修配劳务</td><td rowspan="5">按不同税率和项目分别填写按一般计税方法计算增值税的全部征税项目。本部分反映的是按一般计税方法的全部征税项目。有即征即退征税项目的纳税人，本部分数据中既包括即征即退征税项目，又包括不享受即征即退政策的一般征税项目</td></tr>
<tr><td>第2栏</td><td>17%税率的有形动产租赁服务</td></tr>
<tr><td>第3栏</td><td>13%税率</td></tr>
<tr><td>第4栏</td><td>11%税率</td></tr>
<tr><td>第5栏</td><td>6%税率</td></tr>
<tr><td>第6栏</td><td>即征即退货物及加工修理修配劳务</td><td>反映按一般计税方法征收增值税且享受即征即退政策的货物和加工修理修配劳务。本行不包括应税服务的内容
（1）本行第9列“合计”之“销售额”栏：反映按一般计税方法征收增值税且享受即征即退政策的货物及加工修理修配劳务的不含税销售额。该栏不按第9列所列公式计算，应按照税法规定据实填写
（2）本行第10列“合计”之“销项（应纳）税额”栏：反映按一般计税方法征收增值税且享受即征即退政策的货物及加工修理修配劳务的销项税额。该栏不按第10列所列公式计算，应按照税法规定据实填写</td></tr>
<tr><td>第7栏</td><td>即征即退应税服务</td><td>反映按一般计税方法征收增值税且享受即征即退政策的应税服务。本行不包括货物及加工修理修配劳务的内容
（1）本行第9列“合计”之“销售额”栏：反映按一般计税方法征收增值税且享受即征即退政策的应税服务的不含税销售额。应税服务有扣除项目的，按扣除之前的不含税销售额填写。该栏不按第9列所列公式计算，应按照税法规定据实填写
（2）本行第10列“合计”之“销项（应纳）税额”栏：反映按一般计税方法征收增值税且享受即征即退政策的应税服务的销项税额。应税服务有扣除项目的，按扣除之前的销项税额填写。该栏不按第10列所列公式计算，应按照税法规定据实填写</td></tr>
</table>

（续表）

<table>
<tr><th>项目</th><th>栏次</th><th>栏目名称</th><th>填写说明</th></tr>
<tr><td>一般计税方法征税</td><td>第7栏</td><td>即征即退应税服务</td><td>（3）本行第14列“扣除后”之“销项（应纳）税额”栏：反映按一般计税方法征收增值税且享受即征即退政策的应税服务实际应计提的销项税额。应税服务有扣除项目的，按扣除之后的销项税额填写；应税服务无扣除项目的，按本行第10列填写。该栏不按第14列所列公式计算，应按照税法规定据实填写</td></tr>
<tr><td rowspan="7">简易计税方法征税</td><td>第8栏</td><td>6%征收率</td><td rowspan="5">按不同征收率和项目分别填写按简易计税方法计算增值税的全部征税项目。本部分反映的是简易计税方法的全部征税项目。有即征即退征税项目的纳税人，本部分数据中既包括即征即退征税项目，也包括不享受即征即退政策的一般征税项目</td></tr>
<tr><td>第9栏</td><td>5%征收率</td></tr>
<tr><td>第10栏</td><td>4%征收率</td></tr>
<tr><td>第11栏</td><td>3%征收率的货物及加工修理修配劳务</td></tr>
<tr><td>第12栏</td><td>3%征收率的应税服务</td></tr>
<tr><td>第13栏</td><td>即征即退货物及加工修理修配劳务</td><td>反映按简易计税方法计算增值税且享受即征即退政策的货物及加工修理修配劳务。本行不包括应税服务的内容
（1）本行第9列“合计”之“销售额”栏：反映按简易计税方法计算增值税且享受即征即退政策的货物及加工修理修配劳务的不含税销售额。该栏不按第9列所列公式计算，纳税人应依据税法规定据实填写
（2）本行第10列“合计”之“销项（应纳）税额”栏：反映按简易计税方法计算缴纳增值税且享受即征即退政策的货物及加工修理修配劳务的应纳税额。该栏不按第10列所列公式计算，应按照税法规定据实填写</td></tr>
<tr><td>第14栏</td><td>即征即退应税服务</td><td>反映按简易计税方法计算缴纳增值税且享受即征即退政策的应税服务。本行不包括货物及加工修理修配劳务的内容
（1）本行第9列“合计”之“销售额”栏：反映按简易计税方法计算增值税且享受即征即退政策的应税服务的不含税销售额。应税服务有扣除项目的，按扣除之前的不含税销售额填写。该栏不按第9列所列公式计算，应按照税法规定据实填写
（2）本行第10列“合计”之“销项（应纳）税额”栏：反映按简易计税方法计算增值税且享受即征即退政策的应税服务的应纳税额。应税服务有扣除项目的，按扣除之前的应纳税额填写。该栏不按第10列所列公式计算，应按照税法规定据实填写</td></tr>
</table>

（续表）

项目	栏次	栏目名称	填写说明
简易计税方法征税	第14栏	即征即退应税服务	（3）本行第14列“扣除后”之“销项（应纳）税额”栏：反映按简易计税方法计算增值税且享受即征即退政策的应税服务实际应计提的应纳税额。应税服务有扣除项目的，按扣除之后的应纳税额填写；应税服务无扣除项目的，按本行第10列填写
免抵退税	第15栏	货物及加工修理修配劳务	反映适用免、抵、退税政策的出口货物、加工修理修配劳务
	第16栏	应税服务	反映适用免、抵、退税政策的应税服务
免税	第17栏	货物及加工修理修配劳务	反映按照税法规定免征增值税的货物及劳务和适用零税率的出口货物、加工修理修配劳务，但不包括适用免、抵、退税办法的出口货物、加工修理修配劳务
	第18栏	应税服务	反映按照税法规定免征增值税的应税服务和适用零税率的应税服务，但不包括适用免、抵、退税办法的应税服务

特别提示

仅从事应税服务的纳税人，第2、4、5、7、12、14、16、18行相应栏次可以填写，其他行次不填写。第2、4、5行按不同税率分别填写按一般计税方法计算增值税应税服务的销售情况（包含即征即退应税服务），第7行填写其中即征即退应税服务的销售情况。注意本栏与主表有关栏次间的逻辑关系（见主表说明第2项）。

2．列次填写说明

列次填写说明如表4-6所示。

表4-6　列次填写说明

列次	项目名称	填写说明
第1列	开具税控增值税专用发票	反映本期开具防伪税控《增值税专用发票》、税控《机动车销售统一发票》和《货物运输业增值税专用发票》的情况
第2列		

（续表）

列次	项目名称	填写说明
第3列	开具其他发票	反映除上述三种发票以外本期开具的其他发票的情况
第4列		
第5列	未开具发票	反映本期未开具发票的销售情况
第6列		
第7列	纳税检查调整	反映经税务、财政、审计部门检查并在本期调整的销售情况
第8列		
第9列	销售额	为第1、3、5、7列（此5列均为不含税销售额）的合计数
第10列	销项（应纳）税额	为第2、4、6、8列的合计数
第11列	价税合计	为第9、10列的合计数
第12列	应税服务扣除项目本期实际扣除金额	纳税人应税服务有扣除项目的，据实填写；应税服务无扣除项目的，本列填写“0”。本列第2、4、5、12、16、18行数据分别与“附表三”第5栏第1至6行数据相等；本列第7、14行数据应根据即征即退项目的实际情况填写
第13列	含税（免税）销售额	纳税人发生应税服务的（2、4、5、7、12、14、16、18行），本列各行次＝第11列“价税合计”对应行次之第12列“应税服务扣除项目本期实际扣除金额”对应行次
第14列	“扣除后”之“销项（应纳）税额”	纳税人发生应税服务的按以下方法计算： （1）按一般计税方法征税的（2、4、5、7行），本列各行次按第13列“扣除后含税（免税）销售额”除以“100%+对应行次适用税率”，计算出“扣除后不含税销售额”，再用“扣除后不含税销售额”乘以对应各行次税率，计算出应税服务“扣除后”之“销项税额” （2）按简易计税方法征税的（12、14行），本列各行次按第13列“扣除后含税（免税）销售额”除以“103%”，计算出“扣除后不含税销售额”，再用“扣除后不含税销售额”乘以3%，计算出应税服务“扣除后”之“应纳税额” （3）应税服务实行免抵退税或免税的，本列不填写

表格三：附表二“本期进项税额明细”

（一）表格样式

增值税纳税申报表之附表二“本期进项税额明细”如表4-7所示。

表4-7　附表二“本期进项税额明细”

税款所属时间：自____年____月____日至____年____月____日

纳税人名称：（公章）　　　　金额单位：元至角分

一、申报抵扣的进项税额				
项目	栏次	份数	金额	税额
（一）认证相符的税控增值税专用发票	1=2+3			
其中：本期认证相符且本期申报抵扣	2			
前期认证相符且本期申报抵扣	3			
（二）其他扣税凭证	4=5+6+7+8			
其中：海关进口增值税专用缴款书	5			
农产品收购发票或者销售发票	6			
代扣代缴税收通用缴款书	7		——	
运输费用结算单据	8			
	9	——	——	——
	10	——	——	——
（三）外贸企业进项税额抵扣证明	11	——	——	
当期申报抵扣进项税额合计	12=1+4+11			

二、进项税额转出额		
项目	栏次	税额
本期进项税转出额	13=14至23之和	
其中：免税项目用	14	
非应税项目用、集体福利、个人消费	15	
非正常损失	16	
简易计税方法征税项目用	17	
免抵退税办法不得抵扣的进项税额	18	
纳税检查调减进项税额	19	
红字专用发票通知单注明的进项税额	20	
上期留抵税额抵减欠税	21	
上期留抵税额退税	22	
其他应作进项税额转出的情形	23	

（续表）

三、待抵扣进项税额				
项目	栏次	份数	金额	税额
（一）认证相符的税控增值税专用发票	24	——	——	——
期初已认证相符但未申报抵扣	25			
本期认证相符且本期未申报抵扣	26			
期末已认证相符但未申报抵扣	27			
其中：按照税法规定不允许抵扣	28			
（二）其他扣税凭证	29=30至33之和			
其中：海关进口增值税专用缴款书	30			
农产品收购发票或者销售发票	31			
代扣代缴税收通用缴款书	32		——	
运输费用结算单据	33			
	34			
四、其他				
项目	栏次	份数	金额	税额
本期认证相符的税控增值税专用发票	35			
代扣代缴税额	36	——	——	

（二）栏目说明

附表二“本期进项税额明细”的栏目为：

（1）第1至12栏“一、申报抵扣的进项税额”各栏：分别反映纳税人按税法规定符合抵扣条件，在本期申报抵扣的进项税额。

（2）第13至23栏“二、进项税额转出额”各栏：分别反映纳税人已经抵扣按税法规定在本期应转出的进项税额明细情况。

（3）第24至34栏“三、待抵扣进项税额”各栏：分别反映纳税人已经取得，但按税法规定不符合抵扣条件，暂不予在本期申报抵扣的进项税额情况及按税法规定不允许抵扣的进项税额情况。

第24至28栏均包括防伪税控《增值税专用发票》、税控《机动车销售统一发票》和《货物运输业增值税专用发票》。

（三）表格各栏目填写说明

附表二“本期进项税额明细”填写说明如表4-8所示。

表4-8 附表二“本期进项税额明细”填写说明

项目	栏次	细目	填写说明
一、申报抵扣的进项税额	第1栏	（一）认证相符的税控增值税专用发票	反映纳税人取得的认证相符本期申报抵扣的防伪税控《增值税专用发票》、税控《机动车销售统一发票》和《货物运输业增值税专用发票》的情况。该栏应等于第2栏“本期认证相符且本期申报抵扣”与第3栏“前期认证相符且本期申报抵扣”数据之和 （1）申报抵扣的防伪税控《增值税专用发票》、税控《机动车销售统一发票》和发票“税率”栏为“11%”的《货物运输业增值税专用发票》，均按发票票面“金额”填写本栏“金额”，按发票票面“税额”填写本栏“税额” （2）发票票面左上角注明“代开”字样且发票“税率”栏为“***”的《货物运输业增值税专用发票》，按发票票面“价税合计”填写本栏“金额”，按发票票面“价税合计”乘以7%扣除率计算填写本栏“税额”
	第2栏	其中：本期认证相符且本期申报抵扣	反映本期认证相符且本期申报抵扣的防伪税控《增值税专用发票》、税控《机动车销售统一发票》和《货物运输业增值税专用发票》的情况。本栏是第1栏的其中数，本栏只填写本期认证相符且本期申报抵扣的部分
	第3栏	前期认证相符且本期申报抵扣	反映前期认证相符且本期申报抵扣的防伪税控《增值税专用发票》、税控《机动车销售统一发票》和《货物运输业增值税专用发票》的情况。辅导期纳税人依据税务机关告知的稽核比对结果通知书及明细清单注明的稽核相符的税控增值税专用发票填写本栏。本栏是第1栏的其中数，本栏只填写前期认证相符且本期申报抵扣的部分
	第4栏	（二）其他扣税凭证	反映本期申报抵扣的除税控增值税专用发票之外的其他扣税凭证的情况。具体包括：海关进口增值税专用缴款书、农产品收购发票或者销售发票（含农产品核定扣除的进项税额）、代扣代缴税收通用缴款书和运输费用结算单据（运输费用结算单据不包括《货物运输业增值税专用发票》）。该栏应等于第5至8栏之和

（续表）

项目	栏次	细目	填写说明
一、申报抵扣的进项税额	第5栏	其中：海关进口增值税专用缴款书	第5栏“海关进口增值税专用缴款书”：反映本期申报抵扣的海关进口增值税专用缴款书的情况。辅导期纳税人依据税务机关告知的稽核比对结果通知书及明细清单注明的稽核相符的海关进口增值税专用缴款书填写本栏
	第6栏	农产品收购发票或者销售发票	反映本期申报抵扣的农产品收购发票和农产品销售普通发票的情况。执行农产品增值税进项税额核定扣除办法的，填写当期允许抵扣的农产品增值税进项税额，不填写“份数”、“金额”栏
	第7栏	代扣代缴税收通用缴款书	填写本期按税法规定准予抵扣的代扣代缴税收通用缴款书上注明的增值税额
	第8栏	运输费用结算单据	反映本期申报抵扣的交通运输费用结算单据的情况。运输费用结算单据不包括《货物运输业增值税专用发票》。本栏“税额”按运输费用结算单据中准予抵扣的金额乘以7%扣除率计算填写。辅导期纳税人取得的《公路、内河货物运输业统一发票》，依据税务机关告知的稽核比对结果通知书及明细清单注明的稽核相符的发票填写本栏
	第9栏		
	第10栏		
	第11栏	（三）外贸企业进项税额抵扣证明	填写本期申报抵扣的税务机关出口退税部门开具的《外贸企业出口视同内销征税货物进项税额抵扣证明》允许抵扣的进项税额
	第12栏	当期申报抵扣进项税额合计	反映本期申报抵扣进项税额的合计数。按表中所列公式计算填写
二、进项税额转出额	第13栏	本期进项税转出额	反映已经抵扣按税法规定在本期应转出的进项税额合计数。按表中所列公式计算填写
	第14栏	其中：免税项目用	反映用于免征增值税项目，按税法规定在本期应转出的进项税额
	第15栏	非应税项目用、集体福利、个人消费	反映用于非增值税应税项目、集体福利或者个人消费，按税法规定在本期应转出的进项税额
	第16栏	非正常损失	反映纳税人发生非正常损失，按税法规定在本期应转出的进项税额

（续表）

项目	栏次	细目	填写说明
二、进项税额转出额	第17栏	简易计税方法征税项目用	反映用于按简易计税方法征税项目，按税法规定在本期应转出的进项税额
	第18栏	免抵退税办法不得抵扣的进项税额	反映按照免、抵、退税办法的规定，由于征税税率与退税税率存在税率差，在本期应转出的进项税额
	第19栏	纳税检查调减进项税额	反映税务、财政、审计部门检查而调减的进项税额
	第20栏	红字专用发票通知单注明的进项税额	填写主管税务机关开具的《开具红字增值税专用发票通知单》、《开具红字货物运输业增值税专用发票通知单》和《开具红字公路、内河货物运输业发票通知单》注明的在本期应转出的进项税额
	第21栏	上期留抵税额抵减欠税	填写本期经税务机关批准的抵减额
	第22栏	上期留抵税额退税	填写本期经税务机关批准的上期留抵税额退税额
	第23栏	其他应作进项税额转出的情形	反映除上述列明进项税额转出情形外，其他应在本期转出的进项税额
三、待抵扣进项税额	第24栏	（一）认证相符的税控增值税专用发票	（1）防伪税控《增值税专用发票》、税控《机动车销售统一发票》和发票“税率”栏为“11%”的《货物运输业增值税专用发票》，均按发票票面“金额”填写本栏“金额”，按发票票面“税额”填写本栏“税额” （2）发票票面左上角注明“代开”字样且发票“税率”栏为“***”的《货物运输业增值税专用发票》，按发票票面“价税合计”填写本栏“金额”，按发票票面“价税合计”乘以7%扣除率计算填写本栏“税额”
	第25栏	期初已认证相符但未申报抵扣	反映前期认证相符，但按照税法规定暂不予抵扣及不允许抵扣，结存至本期的税控增值税专用发票情况。辅导期纳税人填写认证相符但未收到稽核比对结果的税控增值税专用发票期初余额数
	第26栏	本期认证相符且本期未申报抵扣	反映本期认证相符，但按税法规定暂不予抵扣及不允许抵扣，而未申报抵扣的税控增值税专用发票情况。辅导期纳税人填写本期认证相符但未收到稽核比对结果的税控增值税专用发票
	第27栏	期末已认证相符但未申报抵扣	反映截至本期期末，按照税法规定仍暂不予抵扣及不允许抵扣且已认证相符的税控增值税专用发票情况。辅导期纳税人填写截至本期期末已认证相符但未收到稽核比对结果的税控增值税专用发票期末余额数

（续表）

项目	栏次	细目	填写说明
三、待抵扣进项税额	第28栏	其中：按照税法规定不允许抵扣	反映截至本期期末已认证相符但未申报抵扣的税控增值税专用发票中，按照税法规定不允许抵扣的税控增值税专用发票情况
	第29栏	（二）其他扣税凭证	反映截至本期期末仍未申报抵扣的除税控增值税专用发票之外的其他扣税凭证情况。具体包括：海关进口增值税专用缴款书、农产品收购发票或者销售发票、代扣代缴税收通用缴款书和运输费用结算单据。该栏应等于第30至33栏之和
	第30栏	其中：海关进口增值税专用缴款书	反映已取得但截至本期期末仍未申报抵扣的海关进口增值税专用缴款书情况。辅导期纳税人填写截至本期期末仍未收到稽核比对结果的海关进口增值税专用缴款书
	第31栏	农产品收购发票或者销售发票	反映已取得但截至本期期末仍未申报抵扣的农产品收购发票和农产品销售普通发票情况
	第32栏	代扣代缴税收通用缴款书	反映已取得但截至本期期末仍未申报抵扣的代扣代缴税收通用缴款书情况
	第33栏	运输费用结算单据	反映已取得但截至本期期末仍未申报抵扣的运输费用结算单据情况。辅导期纳税人填写截至本期期末未收到稽核比对结果的《公路、内河货物运输业统一发票》
	第34栏		
四、其他	第35栏	本期认证相符的税控增值税专用发票	反映本期认证相符的防伪税控《增值税专用发票》、税控《机动车销售统一发票》和《货物运输业增值税专用发票》情况
	第36栏	代扣代缴税额	填写纳税人根据《中华人民共和国增值税暂行条例》第十八条扣缴的应税劳务的增值税额和根据《交通运输业和部分现代服务业营业税改征增值税试点实施办法》第六条规定扣缴的应税服务增值税额之和

表格四：附表三“应税服务扣除项目明细”

（一）表格样式

增值税纳税申报表之附表三“应税服务扣除项目明细”如表4-9所示。

表4-9　附表三“应税服务扣除项目明细”

税款所属时间：自____年____月____日至____年____月____日

纳税人名称：（公章）　　　　　　　　　　　　　　　　　　金额单位：元至角分

<table>
<tr><td rowspan="3">项目及栏次</td><td rowspan="2">本期应税服务价税合计额（免税销售额）</td><td colspan="5">应税服务扣除项目</td></tr>
<tr><td>期初余额</td><td>本期发生额</td><td>本期应扣除金额</td><td>本期实际扣除金额</td><td>期末余额</td></tr>
<tr><td>1</td><td>2</td><td>3</td><td>4=2+3</td><td>5（5≤1且5≤4）</td><td>6=4−5</td></tr>
<tr><td>17%税率的有形动产租赁服务</td><td></td><td></td><td></td><td></td><td></td><td></td></tr>
<tr><td>11%税率的应税服务</td><td></td><td></td><td></td><td></td><td></td><td></td></tr>
<tr><td>6%税率的应税服务</td><td></td><td></td><td></td><td></td><td></td><td></td></tr>
<tr><td>3%征收率的应税服务</td><td></td><td></td><td></td><td></td><td></td><td></td></tr>
<tr><td>免抵退税的应税服务</td><td></td><td></td><td></td><td></td><td></td><td></td></tr>
<tr><td>免税的应税服务</td><td></td><td></td><td></td><td></td><td></td><td></td></tr>
</table>

（二）填写要求

附表三“应税服务扣除项目明细”的填写要求如表4-10所示。

表4-10　附表三“应税服务扣除项目明细”的填写要求

栏目序号	栏目名称	填写说明
第1栏	本期应税服务价税合计额（免税销售额）	填写扣除之前的本期应税服务价税合计额（包括应税服务免税销售额）。本栏各行次等于“附表一”第11列对应行次
第2栏	应税服务扣除项目——期初余额	所属期2012年10月份本栏为“0”；以后各期按上期“期末余额”填写
第3栏	应税服务扣除项目——本期发生额	填写应税服务扣除项目本期取得的允许扣除单据的金额，应与《应税服务减除项目清单》中的“金额”栏的“合计数”相等
第4栏	本期应扣除金额	等于第2、3栏的合计数
第5栏	应税服务扣除项目——本期实际扣除金额	填写应税服务扣除项目本期实际扣除的金额，本栏数据应小于第1栏与第5栏数据
第6栏	期末余额	等于第4栏—第5栏

表格五：附表四“固定资产进项税额抵扣情况表”

附表四“固定资产进项税额抵扣情况表”按固定资产（不含不动产）项目认证的增值税专用发票或取得的海关进口增值税专用缴款书分别填写。税控《机动车销售统一发票》则填入增值税专用发票栏内。

表4-11　附表四“固定资产进项税额抵扣情况表”

纳税人识别号：　　　　　　　　　　　纳税人名称（公章）：

填表日期：____年____月____日　　　　　　　　　　金额单位：元至角分

项目	当期申报抵扣的固定资产进项税额	当期申报抵扣的固定资产进项税额累计
增值税专用发票		
海关进口增值税专用缴款书		
合计		

注：本表一式两份，一份纳税人留存，一份主管税务机关留存。

【实例】

C企业为增值税一般纳税人。假设该企业既从事计算机硬件的销售业务，又兼有技术服务的应税服务。2012年11月份发生如下业务。

一、期初留抵税额

★业务一：2012年10月30日，“一般货物或劳务”列第20栏“留抵税额”100万元。

二、一般计税方法的销售情况

★业务二：2012年11月10日，销售PC机一批，开具防伪税控《增值税专用发票》，销售额100万元，销项税额17万元。

★业务三：2012年11月16日，取得技术服务费收入106万元，开具防伪税控《增值税专用发票》，销售额100万元，销项税额6万元。

三、进项税额的情况

★业务四：2012年11月15日，购进PC机一批，取得防伪税控《增值税专用发票》，金额10万元，税额1.7万元。

★业务五：2012年11月15日，购进货车一台（固定资产），取得税控《机动车销售统一发票》，金额20万元，税额3.4万元。

■本期应补（退）税额的计算

1. 上期留抵税额（本月数）=0

2. 期初挂账留抵税额=上期留抵税额（本年累计）＝业务一＝1 000 000（元）

3. 销项税额=业务二+业务三＝170 000+60 000＝230 000（元）

4. 进项税额=业务四+业务五＝17 000+34 000＝51 000（元）

5. 应抵扣税额合计（本月数）＝上期留抵税额（本月数）+进项税额＝0+51 000=51 000（元）

6. 实际抵扣税额（本月数）＝51 000（元）

7. 货物的销项税额比例＝170 000÷230 000×100%＝73.91%

8. 未抵减挂账留抵税额时，货物的应纳税额＝［销项税额－实际抵扣税额（本月数）］×货物的销项税额比例＝（230 000－51 000）×73.91%＝132 298.90（元）

9. 期初挂账留抵税额本期抵减数=实际抵扣税额（本年累计）＝未抵减挂账留抵税额时货物的应纳税额与上期留抵税额（本年累计）比较，取小值＝132 298.90（元）

10. 应纳税额＝销项税额－实际抵扣税额（本月数）－实际抵扣税额（本年累计）＝230 000－51 000－132 298.90＝46 701.10（元）

11. 期末留抵税额（本月数）＝应抵扣税额合计（本月数）－实际抵扣税额（本月数）＝51 000－51 000＝0

12. 期初挂账留抵税额期末余额＝期末留抵税额（本年累计）＝上期留抵税额（本年累计）－实际抵扣税额（本年累计）＝1 000 000－132 298.90＝867 701.10（元）

13. 本期应补（退）税额＝应纳税额合计－预缴税额＝46 701.10－0＝46 701.10（元）

■税票打印

货物的本期应补（退）税额＝货物的应纳税额占全部应纳税额的比例×本期应补（退）税额＝｛［（230 000－51 000）×73.91%－132 298.90］÷46 701.10×100%｝×46 701.10＝0%×46 701.10=0

应税服务的本期应补（退）税额＝本期应补（退）税额－货物的本期应补（退）税额＝46 701.10－0＝46 701.10（元）

系统打印一张预算科目为“改征增值税”的税票，预算级次“地方100%”，税款46 701.10元。

表格填写参考以下几个表。

“增值税纳税申报表”（适用一般纳税人）

根据《中华人民共和国增值税暂行条例》和《交通运输业和部分现代服务业营业税改征增值税试点实施办法》的规定制定本表。纳税人不论有无销售额，均应按主管税务机关核定的纳税期限按期填报本表，并向当地税务机关申报。

税款所属时间：自____年____月____日至____年____月____日

填表日期：____年____月____日　　　　金额单位：元至角分

纳税人识别号																					所属行业：

纳税人名称	（公章）	法定代表人姓名		注册地址		营业地址	
开户银行及账号		企业登记注册类型				电话号码	

项目		栏次	一般货物及劳务和应税服务		即征即退货物及劳务和应税服务	
			本月数	本年累计	本月数	本年累计
销售额	（一）按适用税率征税销售额	1	2 000 000			
	其中：应税货物销售额	2	——	——	——	——
	应税劳务销售额	3	——	——	——	——
	纳税检查调整的销售额	4			——	——
	（二）按简易征收办法征税销售额	5			——	——
	其中：纳税检查调整的销售额	6	——	——	——	——
	（三）免、抵、退办法出口销售额	7			——	——
	（四）免税销售额	8			——	——
	其中：免税货物销售额	9	——	——	——	——
	免税劳务销售额	10	——	——	——	——
税款计算	销项税额	11	230 000			
	进项税额	12	51 000			
	上期留抵税额	13	0	1 000 000		——
	进项税额转出	14				——
	免、抵、退应退税额	15			——	——
	按适用税率计算的纳税检查应补缴税额	16			——	——

（续表）

	项　目	栏次	一般货物及劳务和应税服务		即征即退货物及劳务和应税服务	
			本月数	本年累计	本月数	本年累计
税款计算	应抵扣税额合计	17=12+13−14−15+16	51 000	——		——
	实际抵扣税额	18（如17<11，则为17，否则为11）	51 000	132 298.90		——
	应纳税额	19=11−18	46 701.10			
	期末留抵税额	20=17−18	0	867 701.10		——
	简易征收办法计算的应纳税额	21				
	按简易征收办法计算的纳税检查应补缴税额	22	——	——	——	——
	应纳税额减征额	23				
	应纳税额合计	24=19+21−23	46 701.10			
税款缴纳	期初未缴税额（多缴为负数）	25	——	——	——	——
	实收出口开具专用缴款书退税额	26	——	——	——	——
	本期已缴税额	27=28+29+30+31	——	——	——	——
	①分次预缴税额	28	0	——		——
	②出口开具专用缴款书预缴税额	29	——	——	——	——
税款缴纳	③本期缴纳上期应纳税额	30	——	——	——	——
	④本期缴纳欠缴税额	31	——	——	——	——
	期末未缴税额（多缴为负数）	32=24+25+26−27	——	——	——	——
	其中：欠缴税额（≥0）	33=25+26−27	——	——	——	——
	本期应补（退）税额	34=24−28−29	46 701.10	——		——
	即征即退实际退税额	35	——	——		
	期初未缴查补税额	36	——	——	——	——
	本期入库查补税额	37	——	——	——	——
	期末未缴查补税额	38=16+22+36−37	——	——	——	——
授权声明	如果你已委托代理人申报，请填写下列资料： 为代理一切税务事宜，现授权 （地址）　　　　　　为本纳税人的代理申报人，任何与本申报表有关的往来文件，都可寄予此人。 授权人签字：		申报人声明	此纳税申报表是根据《中华人民共和国增值税暂行条例》的规定填报的，我相信： 它是真实的、可靠的、完整的。 声明人签字：		

增值税纳税申报表附列资料（一）

（本期销售情况明细）

税款所属时间：自____年____月____日至____年____月____日

填表日期：____年____月____日　　　　金额单位：元至角分

项目及栏次				开具税控增值税专用发票		开具其他发票		未开具发票		纳税检查调整		合计			应税服务扣除项目本期实际扣除金额	扣除后	
				销售额	销项（应纳）税额	销售额	销项（应纳）税额	销售额	销项（应纳）税额	销售额	销项（应纳）税额	销售额	销项（应纳）税额	价税合计		含税（免税）销售额	销项（应纳）税额
				1	2	3	4	5	6	7	8	9=1+3+5+7	10=2+4+6+8	11=9+10	12	13=11−12	14=13÷（100%+税率或征收率）×税率或征收率
一、一般计税方法征税	全部征税项目	17%税率的货物及加工修理修配劳务	1	1 000 000	170 000							1000 000	170 000	——	——	——	——
		17%税率的有形动产租赁服务	2														
		13%税率	3											——	——	——	——
		11%税率	4														
		6%税率	5	1 000 000	60 000							1 000 000	60 000	1 060 000	0	1 060 000	60 000

（续表）

一、一般计税方法征税	其中：即征即退项目	即征即退货物及加工修理修配劳务	6	——	——	——	——	——	——	——	——			——	——	——	——
		即征即退应税服务	7	——	——	——	——	——	——	——	——						
二、简易计税方法征税	全部征税项目	6%征收率	8							——	——			——	——	——	——
		5%征收率	9							——	——			——	——	——	——
		4%征收率	10							——	——			——	——	——	——
		3%征收率的货物及加工修理修配劳务	11							——	——			——	——	——	——
		3%征收率的应税服务	12							——	——						
	其中：即征即退项目	即征即退货物及加工修理修配劳务	13	——	——	——	——	——	——	——	——			——	——	——	——
		即征即退应税服务	14	——	——	——	——	——	——	——	——						
三、免抵退税	货物及加工修理修配劳务		15	——	——		——		——	——	——		——	——	——	——	——
	应税服务		16	——	——		——		——	——	——		——				——
四、免税	货物及加工修理修配劳务		17				——		——	——	——		——	——	——	——	——
	应税服务		18	——	——		——		——	——	——		——				——

增值税纳税申报表附列资料（二）

（本期进项税额明细）

税款所属时间：自____年____月____日至____年____月____日

填表日期：____年____月____日　　　　金额单位：元至角分

一、申报抵扣的进项税额				
项目	栏次	份数	金额	税额
（一）认证相符的税控增值税专用发票	1=2+3			
其中：本期认证相符且本期申报抵扣	2	2	300 000	51 000
前期认证相符且本期申报抵扣	3			
（二）其他扣税凭证	4=5+6+7+8			
其中：海关进口增值税专用缴款书	5			
农产品收购发票或者销售发票	6			
代扣代缴税收通用缴款书	7		——	
运输费用结算单据	8			
	9	——	——	——
	10	——	——	——
（三）外贸企业进项税额抵扣证明	11	——	——	
当期申报抵扣进项税额合计	12=1+4+11	2	300 000	51 000

二、进项税额转出额		
项目	栏次	税额
本期进项税转出额	13=14至23之和	
其中：免税项目用	14	
非应税项目用、集体福利、个人消费	15	
非正常损失	16	
简易计税方法征税项目用	17	
免抵退税办法不得抵扣的进项税额	18	
纳税检查调减进项税额	19	
红字专用发票通知单注明的进项税额	20	
上期留抵税额抵减欠税	21	
上期留抵税额退税	22	
其他应作进项税额转出的情形	23	

（续表）

三、待抵扣进项税额				
项目	栏次	份数	金额	税额
（一）认证相符的税控增值税专用发票	24	——	——	——
期初已认证相符但未申报抵扣	25	——	——	——
本期认证相符且本期未申报抵扣	26	——	——	——
期末已认证相符但未申报抵扣	27			
其中：按照税法规定不允许抵扣	28	——	——	——
（二）其他扣税凭证	29=30至33之和			
其中：海关进口增值税专用缴款书	30			
农产品收购发票或者销售发票	31			
代扣代缴税收通用缴款书	32		——	
运输费用结算单据	33			
	34			
四、其他				
项目	栏次	份数	金额	税额
本期认证相符的税控增值税专用发票	35		——	
代扣代缴税额	36	——	——	

增值税纳税申报表附列资料（三）

（应税服务扣除项目明细）

税款所属时间：自____年____月____日至____年____月____日

纳税人名称：（公章）　　　　金额单位：元至角分

项目及栏次	本期应税服务价税合计额（免税销售额）	应税服务扣除项目				
		期初余额	本期发生额	本期应扣除金额	本期实际扣除金额	期末余额
	1	2	3	4=2+3	5（5≤1且5≤4）	6=4−5
17%税率的有形动产租赁服务						
11%税率的应税服务						

（续表）

项目及栏次	本期应税服务价税合计额（免税销售额）	应税服务扣除项目				
		期初余额	本期发生额	本期应扣除金额	本期实际扣除金额	期末余额
	1	2	3	4=2+3	5（5≤1且5≤4）	6=4−5
6%税率的应税服务						
3%征收率的应税服务						
免抵退税的应税服务						
免税的应税服务						

固定资产进项税额抵扣情况表

纳税人识别号： 纳税人名称（公章）：

填表日期：____年____月____日 金额单位：元至角分

项目	当期申报抵扣的固定资产进项税额	当期申报抵扣的固定资产进项税额累计
增值税专用发票	34 000	34 000
海关进口增值税专用缴款书		
合计	34 000	34 000

注：本表一式两份，一份纳税人留存，一份主管税务机关留存。

第三节　营改增后纳税申报表（小规模纳税人）的填写

表格一："增值税纳税申报表"（适用小规模纳税人）

（一）表格样式

"增值税纳税申报表"（适用小规模纳税人）的样式如表4-12所示。

表4-12　"增值税纳税申报表"（适用小规模纳税人）

纳税人识别号：□□□□□□□□□□□□□□□□□□

纳税人名称（公章）：　　　　　　　　　　　　　　　　金额单位：元（列至角分）

税款所属期：____年____月____日至____年____月____日　　　　填表日期：____年____月____日

<table>
<tr><td rowspan="2" colspan="2">项目</td><td rowspan="2">栏次</td><td colspan="2">本期数</td><td colspan="2">本年累计</td></tr>
<tr><td>应税货物及劳务</td><td>应税服务</td><td>应税货物及劳务</td><td>应税服务</td></tr>
<tr><td rowspan="9">一、计税依据</td><td>（一）应征增值税不含税销售额</td><td>1</td><td></td><td></td><td></td><td></td></tr>
<tr><td>税务机关代开的增值税专用发票不含税销售额</td><td>2</td><td></td><td></td><td></td><td></td></tr>
<tr><td>税控器具开具的普通发票不含税销售额</td><td>3</td><td></td><td></td><td></td><td></td></tr>
<tr><td>（二）销售使用过的应税固定资产不含税销售额</td><td>4（4≥5）</td><td></td><td>——</td><td></td><td>——</td></tr>
<tr><td>其中：税控器具开具的普通发票不含税销售额</td><td>5</td><td></td><td>——</td><td></td><td>——</td></tr>
<tr><td>（三）免税销售额</td><td>6（6≥7）</td><td></td><td></td><td></td><td></td></tr>
<tr><td>其中：税控器具开具的普通发票销售额</td><td>7</td><td></td><td></td><td></td><td></td></tr>
<tr><td>（四）出口免税销售额</td><td>8（8≥9）</td><td></td><td></td><td></td><td></td></tr>
<tr><td>其中：税控器具开具的普通发票销售额</td><td>9</td><td></td><td></td><td></td><td></td></tr>
</table>

（续表）

<table>
<tr><td rowspan="6">二、
税款
计算</td><td>本期应纳税额</td><td>10</td><td></td><td></td><td></td><td></td></tr>
<tr><td>本期应纳税额减征额</td><td>11</td><td></td><td></td><td></td><td></td></tr>
<tr><td>应纳税额合计</td><td>12=10-11</td><td></td><td></td><td></td><td></td></tr>
<tr><td>本期预缴税额</td><td>13</td><td></td><td></td><td>——</td><td>——</td></tr>
<tr><td>本期应补（退）税额</td><td>14=12-13</td><td></td><td></td><td>——</td><td>——</td></tr>
<tr><td></td><td></td><td></td><td></td><td></td><td></td></tr>
<tr><td rowspan="4">纳税人或代理人声明：
此纳税申报表是根据国家税收法律的规定填报的，我确定它是真实的、可靠的、完整的。</td><td colspan="6">如纳税人填报，由纳税人填写以下各栏：</td></tr>
<tr><td colspan="6">办税人员（签章）：　　财务负责人（签章）：
法定代表人（签章）：　　联系电话：</td></tr>
<tr><td colspan="6">如委托代理人填报，由代理人填写以下各栏：</td></tr>
<tr><td colspan="6">代理人名称：　　经办人（签章）：　　联系电话：
代理人（公章）：</td></tr>
</table>

受理人：　　受理日期：____年____月____日　　受理税务机关（签章）：

本表为A3竖式，一式三份，一份纳税人留存、一份主管税务机关留存、一份征收部门留存。

（二）填写要求

仅从事“应税服务”业务，不从事“应税货物及劳务”业务的小规模纳税人，只填报“增值税纳税申报表”（适用小规模纳税人）“应税服务”栏目，“应税货物及劳务”栏目不需填报。

“增值税纳税申报表”（适用于小规模纳税人）的具体填写要求如表4-13所示。

表4-13　“增值税纳税申报表”（适用于小规模纳税人）的填写要求

栏目序号	栏目名称	填写说明
第1栏	应征增值税不含税销售额	（1）填写应征增值税服务的不含税销售额，不包含销售使用过的固定资产应征增值税的不含税销售额、免税服务销售额、出口服务销售额、稽查查补销售额 （2）本栏数据为减除应税服务扣除额后计算的不含税销售额，其数据与当期《增值税纳税申报表附列资料》（适用于小规模纳税人）第8栏对应

（续表）

栏目序号	栏目名称	填写说明
第2栏	税务机关代开的增值税专用发票不含税销售额	填写向税务机关申请代开增值税专用发票票面“金额”（不含税）合计数
第3栏	税控器具开具的普通发票不含税销售额	填写税控器具开具的应征增值税服务的普通发票票面金额换算的不含税销售额的合计数，销售额＝含税销售额÷（1＋3%）
第4栏	销售使用过的应税固定资产不含税销售额	填写销售使用过的、固定资产目录中所列的固定资产（不动产除外）和销售旧货的不含税销售额，销售额＝含税销售额÷（1+3%）
第5栏	税控器具开具的普通发票不含税销售额	填写税控器具开具的销售使用过的应税固定资产（不动产除外）和销售旧货的普通发票金额换算的不含税销售额
第6栏	免税销售额	填写销售免征增值税货物及劳务、服务的销售额（未扣除“应税服务扣除栏目”的销售额）
第7栏	税控器具开具的普通发票销售额	填写税控器具开具的销售免征增值税服务的普通发票票面金额
第8栏	出口免税销售额	填写出口免税货物、服务的销售额（未扣除“应税服务扣除栏目”的销售额）
第9栏	税控器具开具的普通发票销售额	填写税控器具开具的出口免税服务的普通发票票面金额

特别提示

纳税人销售使用过的应税固定资产、销售旧货、销售免税货物、提供免税劳务、提供免税服务的，也使用表4-12。表4-12中“应税货物及劳务”与“应税服务”各项目应分别填写，不得合并计算。

表格二：“增值税纳税申报表”（适用于小规模纳税人）附列资料的填写要求

（一）表格样式

“增值税纳税申报表”（适用于小规模纳税人）附列资料如表4-14所示。

表4-14 “增值税纳税申报表”（适用于小规模纳税人）附列资料

税款所属期：____年____月____日至____年____月____日 ____填表日期：____年____月____日

纳税人名称（公章）：　　　　　　　　　　　　　　　金额单位：元（列至角分）

<table>
<tr><td colspan="4">应税服务扣除额计算</td></tr>
<tr><td>期初余额</td><td>本期发生额</td><td>本期扣除额</td><td>期末余额</td></tr>
<tr><td>1</td><td>2</td><td>3（3≤1+2之和，且3≤5）</td><td>4=1+2−3</td></tr>
<tr><td></td><td></td><td></td><td></td></tr>
<tr><td colspan="4">应税服务计税销售额计算</td></tr>
<tr><td>全部含税收入</td><td>本期扣除额</td><td>含税销售额</td><td>不含税销售额</td></tr>
<tr><td>5</td><td>6=3</td><td>7=5−6</td><td>8=7 ÷ 1.03</td></tr>
<tr><td></td><td></td><td></td><td></td></tr>
</table>

（二）填写要求

“增值税纳税申报表”（适用于小规模纳税人）附列资料的填写要求如表4-15所示。

表4-15 “增值税纳税申报表”（适用于小规模纳税人）附列资料的填写要求

栏目序号	栏目名称	填写说明
第1栏	期初余额	为从本附列资料上期第4项“期末余额”栏转入本期的数额
第2栏	本期发生额	填写本期发生的根据税收政策规定差额征收的，允许从其取得的全部价款和价外费用中扣除的价款数额
第3栏	本期扣除额	填写应税服务扣除栏目本期实际扣除的价款数额（本栏≤第1栏“期初余额”+第2栏“本期发生额”之和，且≤第5栏“全部含税收入”）
第4栏	期末余额	填写应税服务扣除额的期末余额（第4栏“期末余额”=第1栏“期初余额”+第2栏“本期发生额”−第3栏“本期扣除额”）
第5栏	全部含税收入	填写纳税人提供应税服务取得的全部价款和价外费用数额
第6栏	本期扣除额	按第3栏“本期扣除额”填写
第7栏	含税销售额	填写应税服务的含税销售额等于第5栏“全部含税收入”减去第6栏“本期扣除额”
第8栏	不含税销售额	填写应税服务的不含税销售额，等于第7栏“含税销售额”数据除以103% 本栏数据填入“增值税纳税申报表”（适用于小规模纳税人）第1栏“应征增值税不含税销售额”的“本期数”中“应税服务”列

特别提示

混业经营小规模纳税人，应分别核算并按表内、表间关系在申报表各栏次填写。

相关知识

增值税税控系统专用设备费用以及技术维护费填报要求

纳税人在填写“纳税申报表”时，对可在增值税应纳税额中全额抵减的增值税税控系统专用设备费用以及技术维护费，应按以下要求填报。

增值税一般纳税人将抵减金额填入“增值税纳税申报表”（适用于增值税一般纳税人）第23栏“应纳税额减征额”。当本期减征额小于或等于第19栏“应纳税额”与第21栏“简易征收办法计算的应纳税额”之和时，按本期减征额实际填写；当本期减征额大于第19栏“应纳税额”与第21栏“简易征收办法计算的应纳税额”之和时，按本期第19栏与第21栏之和填写，本期减征额不足抵减部分结转下期继续抵减。

小规模纳税人将抵减金额填入“增值税纳税申报表”（适用于小规模纳税人）第11栏“本期应纳税额减征额”。当本期减征额小于或等于第10栏“本期应纳税额”时，按本期减征额实际填写；当本期减征额大于第10栏“本期应纳税额”时，按本期第10栏填写，本期减征额不足抵减部分结转下期继续抵减。

第四节　出口退（免）税认定及申报

《营业税改征增值税试点地区适用增值税零税率应税服务免抵退税管理办法（暂行）》规定，实行“营改增”改革试点后，对国际运输服务和研发设计服务实行服务贸易出口退税政策，对技术转让、技术咨询、鉴证咨询等服务贸易出口实行免税政策。试点地区的单位和个人提供适用零税率的应税服务，按月向主管退税的税务机关申报办理增值税免抵退税或免税手续。

内容一：增值税零税率的适用范围

试点地区的单位和个人提供的国际运输服务、向境外单位提供的研发服务和设计服务适用增值税零税率，如表4-16所示。

表4-16　增值税零税率的适用范围

序号	类别	具体说明
1	国际运输服务	国际运输服务是指在境内载运旅客或者货物出境，在境外载运旅客或者货物入境，在境外载运旅客或者货物
2	研发服务	研发服务是指就新技术、新产品、新工艺或者新材料及其系统进行研究与试验开发的业务活动
3	设计服务	设计服务是指把计划、规划、设想通过视觉、文字等形式传递出来的业务活动。包括工业设计、造型设计、服装设计、环境设计、平面设计、包装设计、动漫设计、展示设计、网站设计、机械设计、工程设计、创意策划等 向国内海关特殊监管区域内单位提供研发服务、设计服务不实行免抵退税办法，应按规定征收增值税

特别提示

从境内载运旅客或货物至国内海关特殊监管区域及场所、从国内海关特殊监管区域及场所载运旅客或货物至国内其他地区以及在国内海关特殊监管区域内载运旅客或货物，不属于国际运输服务。

相关知识

新零税率应税服务提供者

新零税率应税服务提供者是指在营业税改征增值税试点以前未发生过《营业税改征增值税试点地区适用增值税零税率应税服务免抵退税管理办法（暂行）》所列的零税率应税服务的零税率应税服务提供者。

零税率应税服务提供者在办理出口退（免）税认定时，应向主管税务机关提供证明在营业税改征增值税试点以前发生过零税率应税服务的资料，不能提供的，主管税务机关认定为新零税率应税服务提供者。

新零税率应税服务提供者自发生首笔零税率应税服务之日（国际运输企业以提单载明的日期为准，对外提供研发、设计服务企业以收款凭证载明日期的月份为准）起6个月内提供的零税率应税服务，按月分别计算免抵税额和应退税额。税务机关对6个月内各月审核无误的应退税额在当月暂不办理退库，在第七个月将各月累计审核无误的应退税额一次性办理退库。自第七个月起，新零税率应税服务提供者提供的零税率应税服务，实行按月申报办理免抵退税。

内容二：免抵退税办法

免抵退税办法是指零税率应税服务提供者提供零税率应税服务，免征增值税，相应的进项税额抵减应纳增值税额（不包括适用增值税即征即退、先征后退政策的应纳增值税额），未抵减完的部分予以退还。

具体的计算公式及要求如表4-17所示。

表4-17　免抵退税的计算说明

<table>
<tr><th colspan="2">情况分类</th><th colspan="2">计算公式</th></tr>
<tr><td colspan="2">零税率应税服务当期免抵退税额的计算</td><td>当期零税率应税服务免抵退税额＝当期零税率应税服务免抵退税计税价格×外汇人民币牌价×零税率应税服务退税率</td><td>零税率应税服务免抵退税计税价格为提供零税率应税服务取得的全部价款，扣除支付给非试点纳税人价款后的余额</td></tr>
<tr><td>当期应退税额和当期免抵税额的计算</td><td>当期期末留抵税额≤当期免抵退税额时</td><td>当期应退税额＝当期期末留抵税额
当期免抵税额＝当期免抵退税额－当期应退税额</td><td></td></tr>
</table>

（续表）

情况分类		计算公式	
当期应退税额和当期免抵税额的计算	当期期末留抵税额>当期免抵退税额时	当期应退税额＝当期免抵退税额 当期免抵税额＝0	当期“期末留抵税额”为当期“增值税纳税申报表”的“期末留抵税额”

内容三：办理免抵退税的注意事项

办理免抵退税应注意以下事项。

（一）出口退（免）税认定

零税率应税服务提供者在申报办理零税率应税服务免抵退税前，应向主管税务机关办理出口退（免）税认定。办理出口退（免）税认定时，应提供以下资料。

（1）银行开户许可证。

（2）从事水路国际运输的应提供《国际船舶运输经营许可证》；从事航空国际运输的应提供《公共航空运输企业经营许可证》，且其经营范围应包括“国际航空客货邮运输业务”；从事陆路国际运输的应提供《道路运输经营许可证》和《国际汽车运输行车许可证》，且《道路运输经营许可证》的经营范围应包括“国际运输”；从事对外提供研发设计服务的应提供《技术出口合同登记证》。

零税率应税服务提供者在营业税改征增值税试点后提供的零税率应税服务，如发生在办理出口退（免）税认定前，在办理出口退（免）税认定后，可按规定申报免抵退税。

（二）免抵退税申报程序

零税率应税服务提供者提供零税率应税服务，应在财务作销售收入次月的增值税纳税申报期内，向主管税务机关办理增值税纳税和免抵退税相关申报，并于收入之日次月起至次年4月30日前的增值税纳税申报期内收齐有关凭证，向主管税务机关如实申报免抵退税。

（三）免抵退税申报资料

零税率应税服务提供者在办理增值税免抵退税申报时，应按不同服务项目分别提供资料，如表4-18所示。

表4-18 免抵退税申报的资料

对外提供研发、设计服务	提供国际运输服务
（1）"免抵退税申报汇总表"及其附表 （2）"应税服务（研发、设计服务）免抵退税申报明细表" （3）当期"增值税纳税申报表" （4）免抵退税正式申报电子数据 （5）下列原始凭证 ①与零税率应税服务收入相对应的《技术出口合同登记证》复印件 ②与境外单位签订的研发、设计合同 ③提供零税率应税服务的发票 ④"向境外单位提供研发、设计服务收讫营业款明细清单" ⑤从与签订研发、设计合同的境外单位取得收入的收款凭证 ⑥主管税务机关要求提供的其他凭证	（1）"免抵退税申报汇总表"及其附表 （2）"零税率应税服务（国际运输）免抵退税申报明细表" （3）当期"增值税纳税申报表" （4）免抵退税正式申报电子数据 （5）下列原始凭证： ①零税率应税服务的载货、载客舱单（或其他能够反映收入原始构成的单据凭证） ②提供零税率应税服务的发票 ③主管税务机关要求提供的其他凭证 注：上述第①②项原始凭证，经主管税务机关批准，可留存零税率应税服务提供者备查

相关知识

税务机关对零税率应税服务免抵退的审核内容

《营业税改征增值税试点地区适用增值税零税率应税服务免抵退税管理办法（暂行）》第九条规定：主管税务机关在接受零税率应税服务提供者免抵退税申报后，应在下列内容人工审核无误后，使用出口退税审核系统进行审核。在审核中如有疑问的，可抽取企业进项增值税发票进行发函调查或核查。

1．对于提供国际运输的零税率应税服务提供者

对于提供国际运输的零税率应税服务提供者，主管税务机关可从零税率应税服务提供者申报中抽取若干申报记录审核以下内容：

（1）所申报的国际运输服务是否符合本办法第一条规定；

（2）所抽取申报记录申报应税服务收入是否小于等于该申报记录所对应的载货或载客舱单上记载的国际运输服务收入。

2．对于提供研发、设计服务的零税率应税服务提供者

对于提供研发、设计服务的零税率应税服务提供者审核以下内容。

（1）企业所申报的研发、设计服务是否符合《营业税改征增值税试点地区适用增值税零税率应税服务免抵退税管理办法（暂行）》第一条规定。

（2）研发、设计合同签订的对方是否为境外单位。

（3）应税服务收入的支付方是否为与之签订研发、设计合同的境外单位。

（4）申报应税服务收入是否小于等于从与之签订研发、设计合同的境外单位的取得的收款金额。

第五章
营改增后的纳税筹划与风险防范

引言

“营改增”的实施，对许多企业的财税操作会产生重大影响。另外，随着我国法制环境的不断完善以及税务部门税收征管水平的日益提高，纳税人偷逃国家税款的风险（包括经济风险和刑事风险）正在逐步加大。企业需要学会更好地应对“营改增”税制改革，尽快掌握过渡期的财税政策及处理技巧，以规避纳税风险，同时通过合法的税务筹划手段来减轻自己的纳税义务。

第一节　营改增后的纳税筹划

纳税筹划是指纳税人在保障国家利益的前提下，在税法允许的范围内，在纳税义务发生之前通过对投资、经营、理财等进行周密筹划，实现纳税最小化、企业价值最大化的一种经济行为。

筹划一：增值税纳税人的税收筹划

增值税纳税人筹划主要包括两个方面的内容：

（1）增值税一般纳税人与小规模纳税人身份的筹划；

（2）增值税纳税人与营业税纳税人的筹划。

（一）一般纳税人和小规模纳税人选择的纳税筹划

由于一般纳税人和小规模纳税人资格认定标准不一样，所以可从这一方面去进行纳税筹划。

1. 税法有关规定

实施营业税改征增值税（简称营改增）试点的纳税人资格认定，以应税服务年销售额是否超过500万元作为区分一般纳税人和小规模纳税人的标准。

一般纳税人以当期销项税额减去进项税额计算应纳税额。其中销项税额为应税销售额乘以适用税率，进项税额为税法规定准予抵扣的进项金额乘以适用税率。

小规模纳税人采用简便易行的计算和征收管理办法，即以其全部销售额乘以税率（征收率）为应纳税额。

一般纳税人与小规模纳税人的适用税率：一般纳税人基本税率为17%，销售或进口粮食、图书等特殊物品的适用税率为13%。小规模纳税人适用税率（征收率）为3%。

2. 纳税筹划

一般纳税人与小规模纳税人适用税率和计税方法是不同的，那么，在销售收入相同的情况下，究竟是一般纳税人比小规模纳税人多缴税，还是小规模纳税人比一般纳税人多缴税呢？这可以运用销售额增值率判断法来加以判定。

（1）什么是增值率

增值率是指增值额占销售额的比率。在一个特定的增值率时，增值税一般纳税人与小规模纳税人应缴税款数额相同，我们把这个特定的增值率称为“无差别平衡点的增值率”，当增值率低于这个点时，增值税一般纳税人税负低于小规模纳税人；当增值率高于这个点时，增值税一般纳税人税负高于小规模纳税人。

（2）不含税销售额无差别平衡点增值率的计算

增值率=（销售额—可抵扣购进项目金额）÷销售额

一般纳税人应纳增值税额=销项税额—进项税额

由于：进项税额=购进项目金额×增值税税率

购进项目金额=销售额—销售额×增值率

=销售额×（1—增值率）

所以，进项税额=可抵扣购进项目金额×增值税税率

=销售额×（1—增值率）×增值税税率

一般纳税人应纳增值税额=销项税额-进项税额

=销售额×增值税税率-销售额×（1—增值率）×增值税税率

=销售额×增值税税率×[1—（1-增值率）]

=销售额×增值税税率×增值率

小规模纳税人应纳税额=销售额×征收率

（3）无差别平衡点增值率

当两者税负相等时，其增值率则为无差别平衡点增值率，即

销售额×增值税税率×增值率=销售额×征收率

增值率=征收率÷增值税税率

无差别平衡点增值率的具体内容如表5-1所示。

表5-1　无差别平衡点增值率

一般纳税人税率	小规模纳税人征收率	无差别平衡点增值率
17%	3%	17.65%
13%	3%	23.08%
11%	3%	27.27%
6%	3%	50%

【实例】

甲乙两个企业均为工业企业小规模纳税人，加工生产机械配件。甲企业年销售额为40万元，年可抵扣购进货物金额35万元，乙企业年销售额43万元，年可抵扣购进货物金额37.5万元，（以上金额均为不含税金额，进项可取得增值税专用发票）。由于两个企业年销售额均达不到一般纳税人标准，税务机关对两企业均按小规模纳税人简易方法征税，征收率为3%。甲企业年应纳增值税为1.2（40×3%）万元，乙企业年应纳增值税1.29（43×3%）万元，两企业年共应纳增值税2.49（1.2+1.29）万元。

根据无差别平衡点增值率原理，甲企业增值率为12.5%[（40−35）÷40]，小于无差别平衡点增值率17.65%，选择作为一般纳税人税负较轻。乙企业增值率12.79%[（43−37.5）÷43]，同样小于无差别平衡点增值率17.65%，选择作为一般纳税人税负较轻。因此，甲乙两个企业如通过合并方式，组成一个独立核算的纳税人，年应税销售额为83万元，符合一般纳税人的认定资格。企业合并后，年应纳增值税为1.78[（40+43）×17%−（35+37.5）×17%=14.11−12.33=1.78]万元，可减轻税负0.71（2.49−1.78）万元。

特别提示

在进行增值税一般纳税人与小规模纳税人身份筹划时，还须注意如下几个相关问题。

第一，对于年应税销售额超过小规模纳税人标准的非企业单位、不经常发生应税行为的企业，可通过税负比较等方法进行纳税筹划，选择纳税人的身份。

第二，小规模要转成一般纳税人身份应考虑：一般纳税人要有健全的会计核算制度，需要培养和聘用专业会计人员，将会增加企业财务核算成本；一般纳税人的增值税征收管理制度复杂，需要投入的财力、物力和精力也多，会增加纳税人的纳税成本等。

（二）增值税纳税人与营业税纳税人选择的纳税筹划

因为有些企业有混合销售的行为，而税法也对此有相关的规定，所以有必要进行纳税筹划。

1．税法有关规定

我国税法对混合销售行为的处理有以下规定：从事货物的生产、批发或零售的企业、企业性单位及个体经营者以及从事货物的生产、批发或零售为主，并兼营非应税劳务的企业、企业性单位及个体经营者的混合销售行为，视同销售货物，征收增值税；其他单位和个人的混合销售行为，视为销售非应税劳务，不征收增值税，征收营业税。“从事货物的生产、批发或零售为主，并兼营非应税劳务”是指纳税人年货物销售额与非应税劳务营业额的合计数中，年货物的销售额超过50%，非应税劳务营业额不到50%。

除此之外，还有一些特殊规定。

（1）销售自产货物并同时提供建筑业劳务的行为，以及财政部、国家税务总局规定的其他情形应分别核算货物的销售额和营业额，未分开核算的由主管税务机关核定其货物的销售额。

（2）《关于纳税人转让土地使用权或者销售不动产同时一并销售附着于土地或者不动产上的固定资产有关税收问题的公告》（国家税务总局公告〔2011〕第47号）规定：纳税人转让土地使用权或者销售不动产的同时一并销售的附着于土地或者不动产上的固定资产中，凡属于增值税应税货物的，应按照《财政部　国家税务总局关于部分货物适用增值税低税率和简易办法征收增值税政策的通知》（财税〔2009〕9号）第二条有关规定，计算缴纳增值税；凡属于不动产的，应按照《中华人民共和国营业税暂行条例》“销售不动产”税目计算缴纳营业税。

2．纳税筹划

（1）纳税筹划的方法。

除了特殊情况外，混合销售行为只征一种税，或者征增值税，或者征营业税，不同的税种必然存在税负的差异，也就给纳税人进行纳税筹划创造了一定的条件。这里有两种筹划的思路和方法：调整销售额筹划法、分立与合并筹划法。

①调整销售额筹划法是指通过调整增值税销售额或营业税销售额，使其占总销售额的比例在50%以上或者以下，并报请税务机关批准缴纳增值税或者营业税，从而降低混合销售行为的税负，从而达到节税目的。

②分立与合并筹划法是指可以通过将提供营业税劳务的部门单独设立新公司，使其原来按增值税一起征的部分改征营业税；或者通过合并将缴纳两种税的两个公司变为按照混合销售行为只缴纳一种税的公司。

（2）判断税负轻重：含税销售额增值率判断法。

一般纳税人应纳增值税额=含税销售额÷（1+增值税税率）×增值率×增值税税率

应纳营业税税额=含税销售额×营业税税率

若使应纳增值税税额与应纳营业税税额相等，得到：增值率=（1+增值税税率）×营业税税率÷增值税税率

含税销售额无差别平衡点增值率的具体内容如表5-2所示。

表5-2　含税销售额无差别平衡点增值率

增值税一般纳税人税率	营业税适用税率	无差别平衡点增值率
17%	3%	20.65%
17%	5%	34.41%
13%	3%	26.08%
13%	5%	43.46%

如果实际增值率大于无差别平衡点增值率，说明应纳增值税税额大于应纳营业税税额，缴纳营业税可以节税；如果实际增值率小于无差别平衡点增值率，说明应纳增值税税额小于应纳营业税税额，缴纳增值税可以节税。

【实例】

某有限责任公司甲下设两个非独立核算的业务经营部门：供电器材加工厂和工程安装施工队。供电器材加工厂主要生产和销售货物，工程安装施工队主要对外承接输电设备的安装等工程。某年，公司销售收入为2 800万元（不含税），安装收入为2 200万元，购买生产用原材料2 000万元，可抵扣的进项税额为340万元。公司为一般纳税人，对其发生的混合销售行为一并征收增值税。因为该公司属于生产型企业，而且兼营非应税劳务销售额未达到总销售额的50%。

增值税销项税额=（2 800+2 200÷1.17）×17%=795.66（万元）

增值税进项税额=340万元

增值税应纳税额=795.66−340=455.66（万元）

经过分析，公司的实际增值率={［2 800×（1+17%）+2 200−2 340］÷（2 800×1.17+2 200）}×100%=57.268%，实际增值率大于无差别平衡点增值率20.65%（17%，3%），说明按照增值税征税税负较高。

进一步分析发现公司的安装收入比例较高，但没有相应的进项扣除额。进行筹划后，将工程安装施工队单独组建成一个公司乙，独立核算，自行缴纳税款。工程安装收入适用税率为3%。筹划后纳税情况如下：

甲公司应缴纳增值税=2800×17%−340=136（万元）

乙公司应缴纳营业税=2200×3%=66（万元）

合计应纳税额=136+66=202（万元）

比较筹划前后，税收节约253.66万元。

筹划二：兼营行为的纳税筹划

许多企业会有兼营行为，对于兼营行为税法也有相关规定，企业可以从这一方面进行纳税筹划。

（一）税法规定

兼营主要包括两种：一种是税种相同，税率不同。例如，供销系统企业既经营税率为17%的生活资料，又经营税率为13%的农业用生产资料。

另一种是不同税种，不同税率，既涉及增值税项目又涉及营业税项目。

（二）筹划思路

纳税人应选择分开核算，否则被主管税务机关核定可能会加重税收负担。

筹划三：进货渠道选择的纳税筹划

进货渠道不同，可抵扣的比例不一样，所以可以选择最有利于避税、减税的进货渠道。

（一）一般纳税人的进货渠道选择

1．税法规定

进项税额的抵扣以增值税专用发票作为抵扣凭证，因此一般纳税人进货采购渠道不同，可抵扣的比例不同，将会影响其实际税收负担。

进货渠道——一般纳税人：开具税率为17%或13%的增值税专用发票。

进货渠道——小规模纳税人：不能开具专用发票或者请税务机关代开征收率为3%的增值税专用发票。

2．筹划思路

选择合适的进货渠道，使得税后收益最大。

在筹划时，要考虑从小规模纳税人处购进货物，有多大的折让幅度才能弥补因扣除率低或不能取得增值税专用发票而产生的损失，这需要找出价格折让临界点。

首先，用现金流量分析原理，分别求出各采购情况的现金净流量，在现金净流量相等的情况下价格折让临界点如表5-3所示。

表5-3　价格折让临界点

一般纳税人的抵扣率	小规模纳税人的抵扣率	价格优惠临界点（含税）
17%	3%	86.79%

（续表）

一般纳税人的抵扣率	小规模纳税人的抵扣率	价格优惠临界点（含税）
17%	0	84.01%
13%	3%	90.24%
13%	0	87.35%

如果小规模纳税人给予的销售价格（含税）折扣少于价格折让临界点，应选择从一般纳税人那里进货；如果折扣高于价格折让临界点，则选择从小规模纳税人那里进货。

【实例】

某家具生产厂（增值税一般纳税人）外购木材作为加工产品原材料，现有两个供应商分别为甲与乙，甲为增值税一般纳税人，可以开具税率为17%的增值税专用发票，该批木材报价为50万元（含税价款）；乙为小规模纳税人，可以出具由其所在主管税务局代开的征收率为3%的增值税专用发票，木材报价为46.5万元。（已知城市维护建设税税率为7%，教育费附加征收率为3%）。

从价格优惠临界点原理可知，增值税税率为17%，小规模纳税人抵扣率为3%时，价格优惠临界点为86.79%，即价格优惠临界点的销售价格为433 950（500 000×86.79%）元，从题中乙的报价看，465 000元>价格优惠临界点433 950元，因此，应从甲（一般纳税人）处采购。

（二）小规模纳税人进货渠道选择

1．税法规定

小规模纳税人采用简易方法计税，进项税额不得抵扣。

2．筹划思路

选择价格较低的一方作为进货渠道，使税后收益最大。

筹划四：销售结算方式的纳税筹划

销售结算方式、纳税义务发生时间不同，纳税时间也不一样，可据此进行纳税筹划，尽量采取有利于推迟纳税时间的结算方式。

（一）税法规定

不同结算方式下纳税义务发生时间的确定规定。

（1）采取直接收款方式销售货物，不论货物是否发出，均为收到销售款或者取得索取销售款凭据的当天。

（2）采取托收承付和委托银行收款方式销售货物，为发出货物并办妥托收手续的当天。

（3）采取赊销和分期收款方式销售货物，为书面合同约定的收款日期的当天，无书面合同的或者书面合同没有约定收款日期的，为货物发出的当天。

（4）采取预收货款方式销售货物，为货物发出的当天，但生产销售生产工期超过12个月的大型机械设备、船舶、飞机等货物，为收到预收款或者书面合同约定的收款日期的当天。

（二）筹划思路

在税法允许的范围内，尽量采取有利于本企业的结算方式，推迟纳税时间，获得纳税期的递延。

1．避免因“欠条”受到税务机关处罚

一些公司销售货物，购货方没有付款，而是打了个“欠条”，公司认为没有收到货款就不需要申报纳税。其实，欠条就是“索取销售款的凭证”公司可以凭“欠条”要回货款。但如果企业在销售货物时及时改变结算方式，则完全可以避免提早缴纳税款的不利局面。

2．避免在“应收账款”上受到处罚

有些企业采取直接收款的方式销售货物，按规定收到销售款或取得销售款的凭据时就要申报纳税，但因为担心对方发生退货，比如购货方以产品不符合质量标准而拒绝付款，使公司遭受损失，所以这些企业通常把销售额记在“应收账款”上，没有申报纳税，受到处罚，假如公司懂得一些纳税筹划方法，采取分期收款的方式销售产品，在购买方付款前就不用纳税了。

【实例1】

某企业，2011年5月向外地某供应站销售价值117万元的货物，货款结算采用销售后付款的方式，当月取得索取销售款凭据，10月份汇来货款30万元。该企业应如何对结算方式进行税收筹划呢？

该企业如果按照直接收款方式，则应计销项税额为117÷（1＋17%）×17%=17（万元）。

由于购货单位为商业企业，并且货款结算采用了销售后付款的结算方式。因此可以选择委托代销货物的形式，按委托代销结算方式进行税务处理，如果按委托代销处理，5月份可不计销项税额，10月份按规定向代销单位索取销货清单并计算销售，计提销项税额：30÷（1+17%）×17%=4.36（万元），对尚未收到销货清单的货款可暂缓申报计算销项税额。

【实例2】

某企业9月1日销售机床一台，价值2 000万元，产品成本为1 500万元，适用17%的增值税税率。因为购货企业资金困难，货款无法一次收回。如果按照直接收款方式销售产品，甲企业9月份实现的该机床的销项税额为340万元；如果甲企业同购货企业达成分期收款的协议，协议中注明10个月收回货款，每月30日前购货企业支付货款200万元，则每个月的销项税额为34万元。显然，采用分期收款的方式使企业能够分期实现税款，减轻企业税收压力，使增值税税负趋于均衡。

特别提示

第一，未收到货款不开发票，以达到推迟纳税的目的。

第二，避免采用托收承付和委托收款结算的方式销售货物，防止垫付税款。

第三，在求得对方谅解的基础上，采用货款不到不开发票的形式，以达到推迟纳税的目的。

第四，采用赊销方式，分期收款结算，收多少款，开多少发票。

第二节　营改增后的税务风险防范

营改增后的税务风险防范主要体现在增值税发票风险方面，而增值税发票风险又包括以下几个方面。

风险一：税务稽查风险

我国对增值税的监管主要是以票控税，从目前的形势来看，2012年我国税务稽查形势严峻，各地税务稽查案件量陡增。

国家税务总局稽查局关于印发《2012年全国税务稽查工作要点》的通知（稽便函〔2012〕1号）：继续深入开展打击发票违法犯罪活动工作。选取部分重点行业和重点企业开展发票使用情况的重点检查，做到查账必查票、查案必查票、查税必查票。积极配合公安部门开展假发票卖方市场的打击整治工作，严厉打击印制、贩卖假发票的犯罪团伙，捣毁制假贩假窝点。积极配合通信管理、公安、工商等部门开展发票违法信息的整治工作。

税务稽查的一般步骤为：选案、检查、审理、执行。

企业要做好自查工作，不仅包括增值税及其他税务的处理，还包括企业发票管理、组织结构及业务流程等方面。

（一）税务稽查选案信息的来源

税务稽查选案信息的来源包括：

（1）财务指标、税收征管资料、稽查资料、情报交换和协查线索；

（2）上级税务机关交办的税收违法案件；

（3）上级税务机关安排的税收专项检查；

（4）税务局相关部门移交的税收违法信息；

（5）检举的涉税违法信息；

（6）其他部门和单位转来的涉税违法信息；

（7）社会公共信息；

（8）其他相关信息。

（二）增值税专项检查重点

增值税专项检查重点如下。

（1）隐瞒销售收入。以代销为由对发出商品不入账、延迟入账；现金收入不入账。主要产品账面数与实际库存不符。

（2）收取价外费用未计收入或将价外费用记入收入账户未计提销项税金；对尚未收回货款或向关联企业销售货物，不记或延缓记入销售收入；企业发生销售折让、销售退回未取得购买方当地主管税务机关开具的进货退出或索取折让证明，或未收回原发票联和抵扣联；企业以代购业务名义销售货物，少记销售收入；转供水、电、汽等及销售材料不记销售收入的情况；混合销售行为未缴纳增值税。

（3）对非应税项目领用材料未作进项税转出处理；对免税产品的原材料购进及领用单独核算，免税产品所用材料的进项税额未全额转出；企业转供物业、福利等部门材料，其进项税金不作转出。

（4）采购环节未按规定取得增值税专用发票，货款支付是否一致。

（5）生产企业采取平销手段返利给零售商，零售商取得返利收入不申报纳税，不冲减进项税额。

（6）为隐瞒销售收入，故意不认证已取得的进项票，不抵扣进项税额，人为调节税负水平。

（7）虚开增值税专用发票、用于骗取出口退税、抵扣税款发票罪是指完全没有或者没有真实的货物、劳务交易而为他人、为自己、让他人为自己、介绍他人虚开增值税专用发票或者虚开用于骗取出口退税、抵扣税款的其他发票的行为。

风险二：刑事风险

与增值税发票相关的刑事犯罪多达十余种，新税制下，试点企业负责人及财税、税务负责人一定要予以充分重视。

（一）虚开增值税发票罪

1. 客体要件

本罪侵犯的客体是国家对增值税专用发票和可用于出口退税、抵扣税款的其他发票的监督管理制度。

2. 客观要件

本罪在客观方面表现为没有货物购销或者没有提供或接受应税劳务而为他人、为自己、让他人为自己、介绍他人开具增值税专用发票或用于出口退税、抵扣税款的其他发票或者即使有货物购销或提供或接受了应税劳务但为他人、为自己、让他人为自己、介绍他人开具数量或者金额不实的增值税专用发票或用于骗取出口退税、抵扣税款的其他发票或者进行了实际经营活动，但让他人为自己代开增值税专用发票或用于骗取出口退税、抵扣税款的其他发票的行为。

3．主体要件

本罪的主体均为一般主体，即达到刑事责任年龄且具有刑事责任能力的自然人均可构成。另外，单位也可成为本罪主体，单位构成本罪的，对单位实行两罚制，对单位判处罚金、并对直接负责的主管人员和其他直接责任人员追究刑事责任。

4．主观要件

本罪在主观方面必须是故意，而且一般具有牟利的目的。实践中，为他人虚开增值税专用发票或可用于出口退税、抵扣税款的其他发票的单位和个人一般都以收取高额的手续费为目的，为自己虚开、让他人为自己虚开的单位和个人一般都是以骗取出口退税、抵扣税款为目的，介绍他人虚开的单位和个人一般都是以收取高额的中介费、信息费为目的。但以营利为目的并不是本罪主观上的必要条件。

特别提示

不以营利为目的，增值税一般纳税人为增值税小规模纳税人、非增值税纳税人根据商品交易额，如实代开，该增值税一般纳税人也构成虚开增值税专用发票罪主体。

相关知识

关于虚开增值税发票的处罚规定

《刑法》第二百零五条（虚开增值税专用发票、用于骗取出口退税、抵扣税款发票罪）虚开增值税专用发票或者虚开用于骗取出口退税、抵扣税款的其他发票的，处三年以下有期徒刑或者拘役，并处二万元以上二十万元以下罚金；虚开的税款数额较大或者有其他严重情节的，处三年以上十年以下有期徒刑，并处五万元以上五十万元以下罚金；虚开的税款数额巨大或者有其他特别严重情节的，处十年以上有期徒刑或者无期徒刑，并处五万元以上五十万元以下罚金或者没收财产。有前款行为骗取国家税款，数额特别巨大，情节特别严重，给国家利益造成特别重大损失的，处无期徒刑或者死刑，并处没收财产。单位犯本条规定之罪的，对单位判处罚金，并对其直接负责的主管人员和其他直接责任人员，处三年以下有期徒刑或者拘役；虚开的税款数额较大或者有其他严重情节的，处三年以上十年以下有期徒刑；虚开的税款数额巨大或者有其他特别严重情节的，处十年以上有期徒刑或者无期徒刑。

（二）其他发票犯罪

其他发票犯罪包括：

（1）伪造、出售伪造的增值税专用发票罪；

（2）非法出售增值税专用发票罪；

（3）非法购买增值税专用发票、购买伪造的增值税专用发票罪；虚开增值税专用发票罪、出售伪造的增值税专用发票罪、非法出售增值税专用发票罪。

（4）非法制造、出售非法制造的用于骗取出口退税、抵扣税款发票罪；非法制造、出售非法制造的发票罪；非法出售用于骗取出口退税、抵扣税款发票罪；非法出售（发票）罪、盗窃（发票）罪、诈骗（发票）罪等。

风险三：反避税

纳税人提供应税服务的价格明显偏低或者偏高且不具有合理商业目的的，或发生视同提供应税服务而无销售额的，税务机关有权按下列顺序确定销售额。

（1）按照纳税人最近时期提供同类应税服务的平均价格确定。

（2）按照其他纳税人最近时期提供同类应税服务的平均价格确定。

（3）按照组成计税价格确定。组成计税价格的公式为：组成计税价格=成本×（1+成本利润率）。

所以，企业开具发票时应该如实填写金额，以避免税务机关采取“反避税”的举动，从而使自己在税务上陷入被动。

附　录

营业税改征增值税
法律法规集锦

法规一：《交通运输业和部分现代服务业营业税改征增值税试点实施办法》

《交通运输业和部分现代服务业营业税改征增值税试点实施办法》

第一章　纳税人和扣缴义务人

第一条　在中华人民共和国境内（以下称境内）提供交通运输业和部分现代服务业服务（以下称应税服务）的单位和个人，为增值税纳税人。纳税人提供应税服务，应当按照本办法缴纳增值税，不再缴纳营业税。

单位，是指企业、行政单位、事业单位、军事单位、社会团体及其他单位。

个人，是指个体工商户和其他个人。

第二条　单位以承包、承租、挂靠方式经营的，承包人、承租人、挂靠人（以下称承包人）以发包人、出租人、被挂靠人（以下称发包人）名义对外经营并由发包人承担相关法律责任的，以该发包人为纳税人。否则，以承包人为纳税人。

第三条　纳税人分为一般纳税人和小规模纳税人。

应税服务的年应征增值税销售额（以下称应税服务年销售额）超过财政部和国家税务总局规定标准的纳税人为一般纳税人，未超过规定标准的纳税人为小规模纳税人。

应税服务年销售额超过规定标准的其他个人不属于一般纳税人；非企业性单位、不经常提供应税服务的企业和个体工商户可选择按照小规模纳税人纳税。

第四条　小规模纳税人会计核算健全，能够提供准确税务资料的，可以向主管税务机关申请一般纳税人资格认定，成为一般纳税人。

会计核算健全，是指能够按照国家统一的会计制度规定设置账簿，根据合法、有效凭证核算。

第五条　符合一般纳税人条件的纳税人应当向主管税务机关申请一般纳税人资格认定。具体认定办法由国家税务总局制定。

除国家税务总局另有规定外，一经认定为一般纳税人后，不得转为小规模纳税人。

第六条　中华人民共和国境外（以下称境外）的单位或者个人在境内提供应税服务，在境内未设有经营机构的，以其代理人为增值税扣缴义务人；在境内没有代理人的，以接受方为增值税扣缴义务人。

第七条　两个或者两个以上的纳税人，经财政部和国家税务总局批准可以视为一个纳税人合并纳税。具体办法由财政部和国家税务总局另行制定。

第二章 应税服务

第八条 应税服务，是指陆路运输服务、水路运输服务、航空运输服务、管道运输服务、研发和技术服务、信息技术服务、文化创意服务、物流辅助服务、有形动产租赁服务、鉴证咨询服务。

应税服务的具体范围按照本办法所附的《应税服务范围注释》执行。

第九条 提供应税服务，是指有偿提供应税服务。

有偿，是指取得货币、货物或者其他经济利益。

非营业活动中提供的交通运输业和部分现代服务业服务不属于提供应税服务。

非营业活动，是指：

（一）非企业性单位按照法律和行政法规的规定，为履行国家行政管理和公共服务职能收取政府性基金或者行政事业性收费的活动。

（二）单位或者个体工商户聘用的员工为本单位或者雇主提供交通运输业和部分现代服务业服务。

（三）单位或者个体工商户为员工提供交通运输业和部分现代服务业服务。

（四）财政部和国家税务总局规定的其他情形。

第十条 在境内提供应税服务，是指应税服务提供方或者接受方在境内。

下列情形不属于在境内提供应税服务：

（一）境外单位或者个人向境内单位或者个人提供完全在境外消费的应税服务。

（二）境外单位或者个人向境内单位或者个人出租完全在境外使用的有形动产。

（三）财政部和国家税务总局规定的其他情形。

第十一条 单位和个体工商户的下列情形，视同提供应税服务：

（一）向其他单位或者个人无偿提供交通运输业和部分现代服务业服务，但以公益活动为目的或者以社会公众为对象的除外。

（二）财政部和国家税务总局规定的其他情形。

第三章 税率和征收率

第十二条 增值税税率。

（一）提供有形动产租赁服务，税率为17%。

（二）提供交通运输业服务，税率为11%。

（三）提供现代服务业服务（有形动产租赁服务除外），税率为6%。

（四）财政部和国家税务总局规定的应税服务，税率为零。

第十三条　增值税征收率为3%。

第四章　应纳税额的计算

第一节　一般性规定

第十四条　增值税的计税方法，包括一般计税方法和简易计税方法。

第十五条　一般纳税人提供应税服务适用一般计税方法计税。

一般纳税人提供财政部和国家税务总局规定的特定应税服务，可以选择适用简易计税方法计税，但一经选择，36个月内不得变更。

第十六条　小规模纳税人提供应税服务适用简易计税方法计税。

第十七条　境外单位或者个人在境内提供应税服务，在境内未设有经营机构的，扣缴义务人按照下列公式计算应扣缴税额：

应扣缴税额＝接受方支付的价款÷（1+税率）×税率

第二节　一般计税方法

第十八条　一般计税方法的应纳税额，是指当期销项税额抵扣当期进项税额后的余额。应纳税额计算公式：

应纳税额＝当期销项税额－当期进项税额

当期销项税额小于当期进项税额不足抵扣时，其不足部分可以结转下期继续抵扣。

第十九条　销项税额，是指纳税人提供应税服务按照销售额和增值税税率计算的增值税额。销项税额计算公式：

销项税额＝销售额×税率

第二十条　一般计税方法的销售额不包括销项税额，纳税人采用销售额和销项税额合并定价方法的，按照下列公式计算销售额：

销售额＝含税销售额÷（1+税率）

第二十一条　进项税额，是指纳税人购进货物或者接受加工修理修配劳务和应税服务，支付或者负担的增值税税额。

第二十二条　下列进项税额准予从销项税额中抵扣：

（一）从销售方或者提供方取得的增值税专用发票上注明的增值税额。

（二）从海关取得的海关进口增值税专用缴款书上注明的增值税额。

（三）购进农产品，除取得增值税专用发票或者海关进口增值税专用缴款书外，按照农产品收购发票或者销售发票上注明的农产品买价和13%的扣除率计算的进项税额。计算公式为：

进项税额＝买价×扣除率

买价，是指纳税人购进农产品在农产品收购发票或者销售发票上注明的价款和按照规定缴纳的烟叶税。

（四）接受交通运输业服务，除取得增值税专用发票外，按照运输费用结算单据上注明的运输费用金额和7%的扣除率计算的进项税额。进项税额计算公式：

进项税额=运输费用金额×扣除率

运输费用金额，是指运输费用结算单据上注明的运输费用（包括铁路临管线及铁路专线运输费用）、建设基金，不包括装卸费、保险费等其他杂费。

（五）接受境外单位或者个人提供的应税服务，从税务机关或者境内代理人取得的解缴税款的中华人民共和国税收通用缴款书（以下称通用缴款书）上注明的增值税额。

第二十三条　纳税人取得的增值税扣税凭证不符合法律、行政法规或者国家税务总局有关规定的，其进项税额不得从销项税额中抵扣。

增值税扣税凭证，是指增值税专用发票、海关进口增值税专用缴款书、农产品收购发票、农产品销售发票、运输费用结算单据和通用缴款书。

纳税人凭通用缴款书抵扣进项税额的，应当具备书面合同、付款证明和境外单位的对账单或者发票。资料不全的，其进项税额不得从销项税额中抵扣。

第二十四条　下列项目的进项税额不得从销项税额中抵扣：

（一）用于适用简易计税方法计税项目、非增值税应税项目、免征增值税项目、集体福利或者个人消费的购进货物、接受加工修理修配劳务或者应税服务。其中涉及的固定资产、专利技术、非专利技术、商誉、商标、著作权、有形动产租赁，仅指专用于上述项目的固定资产、专利技术、非专利技术、商誉、商标、著作权、有形动产租赁。

（二）非正常损失的购进货物及相关的加工修理修配劳务和交通运输业服务。

（三）非正常损失的在产品、产成品所耗用的购进货物（不包括固定资产）、加工修理修配劳务或者交通运输业服务。

（四）接受的旅客运输服务。

（五）自用的应征消费税的摩托车、汽车、游艇，但作为提供交通运输业服务的运输工具和租赁服务标的物的除外。

第二十五条　非增值税应税项目，是指非增值税应税劳务、转让无形资产（专利技术、非专利技术、商誉、商标、著作权除外）；销售不动产以及不动产在建工程。

非增值税应税劳务，是指《应税服务范围注释》所列项目以外的营业税应税劳务。

不动产，是指不能移动或者移动后会引起性质、形状改变的财产，包括建筑物、构筑物和其他土地附着物。

纳税人新建、改建、扩建、修缮、装饰不动产，均属于不动产在建工程。

个人消费，包括纳税人的交际应酬消费。

固定资产，是指使用期限超过12个月的机器、机械、运输工具以及其他与生产经营有关的设备、工具、器具等。

非正常损失，是指因管理不善造成被盗、丢失、霉烂变质的损失，以及被执法部门依法没收或者强令自行销毁的货物。

第二十六条　适用一般计税方法的纳税人，兼营简易计税方法计税项目、非增值税应税劳务、免征增值税项目而无法划分不得抵扣的进项税额，按照下列公式计算不得抵扣的进项税额：

不得抵扣的进项税额＝当期无法划分的全部进项税额×（当期简易计税方法计税项目销售额+非增值税应税劳务营业额+免征增值税项目销售额）÷（当期全部销售额+当期全部营业额）

主管税务机关可以按照上述公式依据年度数据对不得抵扣的进项税额进行清算。

第二十七条　已抵扣进项税额的购进货物、接受加工修理修配劳务或者应税服务，发生本办法第二十四条规定情形（简易计税方法计税项目、非增值税应税劳务、免征增值税项目除外）的，应当将该进项税额从当期进项税额中扣减；无法确定该进项税额的，按照当期实际成本计算应扣减的进项税额。

第二十八条　纳税人提供的适用一般计税方法计税的应税服务，因服务中止或者折让而退还给购买方的增值税额，应当从当期的销项税额中扣减；发生服务中止、购进货物退出、折让而收回的增值税额，应当从当期的进项税额中扣减。

第二十九条　有下列情形之一者，应当按照销售额和增值税税率计算应纳税额，不得抵扣进项税额，也不得使用增值税专用发票：

（一）一般纳税人会计核算不健全，或者不能够提供准确税务资料的。

（二）应当申请办理一般纳税人资格认定而未申请的。

第三节　简易计税方法

第三十条　简易计税方法的应纳税额，是指按照销售额和增值税征收率计算的增值税额，不得抵扣进项税额。应纳税额计算公式：

应纳税额=销售额×征收率

第三十一条　简易计税方法的销售额不包括其应纳税额，纳税人采用销售额和应纳税额合并定价方法的，按照下列公式计算销售额：

销售额＝含税销售额 ÷（1+征收率）

第三十二条 纳税人提供的适用简易计税方法计税的应税服务，因服务中止或者折让而退还给接受方的销售额，应当从当期销售额中扣减。扣减当期销售额后仍有余额造成多缴的税款，可以从以后的应纳税额中扣减。

第四节 销售额的确定

第三十三条 销售额，是指纳税人提供应税服务取得的全部价款和价外费用。

价外费用，是指价外收取的各种性质的价外收费，但不包括代为收取的政府性基金或者行政事业性收费。

第三十四条 销售额以人民币计算。

纳税人按照人民币以外的货币结算销售额的，应当折合成人民币计算，折合率可以选择销售额发生的当天或者当月1日的人民币汇率中间价。纳税人应当在事先确定采用何种折合率，确定后12个月内不得变更。

第三十五条 纳税人提供适用不同税率或者征收率的应税服务，应当分别核算适用不同税率或者征收率的销售额；未分别核算的，从高适用税率。

第三十六条 纳税人兼营营业税应税项目的，应当分别核算应税服务的销售额和营业税应税项目的营业额；未分别核算的，由主管税务机关核定应税服务的销售额。

第三十七条 纳税人兼营免税、减税项目的，应当分别核算免税、减税项目的销售额；未分别核算的，不得免税、减税。

第三十八条 纳税人提供应税服务，开具增值税专用发票后，提供应税服务中止、折让、开票有误等情形，应当按照国家税务总局的规定开具红字增值税专用发票。未按照规定开具红字增值税专用发票的，不得按照本办法第二十八条和第三十二条的规定扣减销项税额或者销售额。

第三十九条 纳税人提供应税服务，将价款和折扣额在同一张发票上分别注明的，以折扣后的价款为销售额；未在同一张发票上分别注明的，以价款为销售额，不得扣减折扣额。

第四十条 纳税人提供应税服务的价格明显偏低或者偏高且不具有合理商业目的的，或者发生本办法第十一条所列视同提供应税服务而无销售额的，主管税务机关有权按照下列顺序确定销售额：

（一）按照纳税人最近时期提供同类应税服务的平均价格确定。

（二）按照其他纳税人最近时期提供同类应税服务的平均价格确定。

（三）按照组成计税价格确定。组成计税价格的公式为：

组成计税价格=成本 ×（1+成本利润率）

成本利润率由国家税务总局确定。

第五章　纳税义务、扣缴义务发生时间和纳税地点

第四十一条　增值税纳税义务发生时间为：

（一）纳税人提供应税服务并收讫销售款项或者取得索取销售款项凭据的当天；先开具发票的，为开具发票的当天。

收讫销售款项，是指纳税人提供应税服务过程中或者完成后收到款项。

取得索取销售款项凭据的当天，是指书面合同确定的付款日期；未签订书面合同或者书面合同未确定付款日期的，为应税服务完成的当天。

（二）纳税人提供有形动产租赁服务采取预收款方式的，其纳税义务发生时间为收到预收款的当天。

（三）纳税人发生本办法第十一条视同提供应税服务的，其纳税义务发生时间为应税服务完成的当天。

（四）增值税扣缴义务发生时间为纳税人增值税纳税义务发生的当天。

第四十二条　增值税纳税地点为：

（一）固定业户应当向其机构所在地或者居住地主管税务机关申报纳税。总机构和分支机构不在同一县（市）的，应当分别向各自所在地的主管税务机关申报纳税；经财政部和国家税务总局或者其授权的财政和税务机关批准，可以由总机构合并向总机构所在地的主管税务机关申报纳税。

（二）非固定业户应当向应税服务发生地主管税务机关申报纳税；未申报纳税的，由其机构所在地或者居住地主管税务机关补征税款。

（三）扣缴义务人应当向其机构所在地或者居住地主管税务机关申报缴纳其扣缴的税款。

第四十三条　增值税的纳税期限分别为1日、3日、5日、10日、15日、1个月或者1个季度。纳税人的具体纳税期限，由主管税务机关根据纳税人应纳税额的大小分别核定。以1个季度为纳税期限的规定适用于小规模纳税人以及财政部和国家税务总局规定的其他纳税人。不能按照固定期限纳税的，可以按次纳税。

纳税人以1个月或者1个季度为1个纳税期的，自期满之日起15日内申报纳税；以1日、3日、5日、10日或者15日为1个纳税期的，自期满之日起5日内预缴税款，于次月1日起15日内申报纳税并结清上月应纳税款。

扣缴义务人解缴税款的期限，按照前两款规定执行。

第六章　税收减免

第四十四条　纳税人提供应税服务适用免税、减税规定的，可以放弃免税、

减税，依照本办法的规定缴纳增值税。放弃免税、减税后，36个月内不得再申请免税、减税。

第四十五条 个人提供应税服务的销售额未达到增值税起征点的，免征增值税；达到起征点的，全额计算缴纳增值税。

增值税起征点不适用于认定为一般纳税人的个体工商户。

第四十六条 增值税起征点幅度如下：

（一）按期纳税的，为月应税销售额5 000–20 000元（含本数）。

（二）按次纳税的，为每次（日）销售额300–500元（含本数）。

起征点的调整由财政部和国家税务总局规定。省、自治区、直辖市财政厅（局）和国家税务局应当在规定的幅度内，根据实际情况确定本地区适用的起征点，并报财政部和国家税务总局备案。

第七章 征收管理

第四十七条 营业税改征的增值税，由国家税务局负责征收。

第四十八条 纳税人提供适用零税率的应税服务，应当按期向主管税务机关申报办理退（免）税，具体办法由财政部和国家税务总局制定。

第四十九条 纳税人提供应税服务，应当向索取增值税专用发票的接受方开具增值税专用发票，并在增值税专用发票上分别注明销售额和销项税额。

属于下列情形之一的，不得开具增值税专用发票：

（一）向消费者个人提供应税服务。

（二）适用免征增值税规定的应税服务。

第五十条 小规模纳税人提供应税服务，接受方索取增值税专用发票的，可以向主管税务机关申请代开。

第五十一条 纳税人增值税的征收管理，按照本办法和《中华人民共和国税收征收管理法》及现行增值税征收管理有关规定执行。

第八章 附则

第五十二条 纳税人应当按照国家统一的会计制度进行增值税会计核算。

第五十三条 本办法适用于试点地区的单位和个人，以及向试点地区的单位和个人提供应税服务的境外单位和个人。

试点地区的单位和个人，是指机构所在地在试点地区的单位和个体工商户，以及居住地在试点地区的其他个人。

法规二：《营业税改征增值税试点方案》

《营业税改征增值税试点方案》

根据党的十七届五中全会精神，按照《中华人民共和国国民经济和社会发展第十二个五年规划纲要》确定的税制改革目标和2011年《政府工作报告》的要求，制定本方案。

一、指导思想和基本原则

（一）指导思想。

建立健全有利于科学发展的税收制度，促进经济结构调整，支持现代服务业发展。

（二）基本原则。

1．统筹设计、分步实施。正确处理改革、发展、稳定的关系，统筹兼顾经济社会发展要求，结合全面推行改革需要和当前实际，科学设计，稳步推进。

2．规范税制、合理负担。在保证增值税规范运行的前提下，根据财政承受能力和不同行业发展特点，合理设置税制要素，改革试点行业总体税负不增加或略有下降，基本消除重复征税。

3．全面协调、平稳过渡。妥善处理试点前后增值税与营业税政策的衔接、试点纳税人与非试点纳税人税制的协调，建立健全适应第三产业发展的增值税管理体系，确保改革试点有序运行。

二、改革试点的主要内容

（一）改革试点的范围与时间。

1．试点地区。综合考虑服务业发展状况、财政承受能力、征管基础条件等因素，先期选择经济辐射效应明显、改革示范作用较强的地区开展试点。

2．试点行业。试点地区先在交通运输业、部分现代服务业等生产性服务业开展试点，逐步推广至其他行业。条件成熟时，可选择部分行业在全国范围内进行全行业试点。

3．试点时间。2012年1月1日开始试点，并根据情况及时完善方案，择机扩大试点范围。

（二）改革试点的主要税制安排。

1．税率。在现行增值税17%标准税率和13%低税率基础上，新增11%和6%两档低税率。租赁有形动产等适用17%的税率，交通运输业、建筑业等适用11%的税率，其他部分现代服务业适用6%的税率。

2．计税方式。交通运输业、建筑业、邮电通信业、现代服务业、文化体育业、销售不动产和转让无形资产，原则上适用增值税一般计税方法。金融保险业和生活性服务业，原则上适用增值税简易计税方法。

3．计税依据。纳税人计税依据原则上为发生应税交易取得的全部收入。对一些存在大量代收转付或代垫资金的行业，其代收代垫金额可予以合理扣除。

4．服务贸易进出口。服务贸易进口在国内环节征收增值税，出口实行零税率或免税制度。

（三）改革试点期间过渡性政策安排。

1．税收收入归属。试点期间保持现行财政体制基本稳定，原归属试点地区的营业税收入，改征增值税后收入仍归属试点地区，税款分别入库。因试点产生的财政减收，按现行财政体制由中央和地方分别负担。

2．税收优惠政策过渡。国家给予试点行业的原营业税优惠政策可以延续，但对于通过改革能够解决重复征税问题的，予以取消。试点期间针对具体情况采取适当的过渡政策。

3．跨地区税种协调。试点纳税人以机构所在地作为增值税纳税地点，其在异地缴纳的营业税，允许在计算缴纳增值税时抵减。非试点纳税人在试点地区从事经营活动的，继续按照现行营业税有关规定申报缴纳营业税。

4．增值税抵扣政策的衔接。现有增值税纳税人向试点纳税人购买服务取得的增值税专用发票，可按现行规定抵扣进项税额。

三、组织实施

（一）财政部和国家税务总局根据本方案制定具体实施办法、相关政策和预算管理及缴库规定，做好政策宣传和解释工作。经国务院同意，选择确定试点地区和行业。

（二）营业税改征的增值税，由国家税务局负责征管。国家税务总局负责制定改革试点的征管办法，扩展增值税管理信息系统和税收征管信息系统，设计并统一印制货物运输业增值税专用发票，全面做好相关征管准备和实施工作。

法规三：《交通运输业和部分现代服务业营业税改征增值税试点有关事项的规定》

《交通运输业和部分现代服务业营业税改征增值税试点有关事项的规定》

为贯彻《交通运输业和部分现代服务业营业税改征增值税试点实施办法》（以下称《试点实施办法》），保证营业税改征增值税试点顺利实施，现将试点期间有关事项规定如下。

一、试点纳税人（指按照《试点实施办法》缴纳增值税的纳税人）有关政策

（一）混业经营。

试点纳税人兼有不同税率或者征收率的销售货物、提供加工修理修配劳务或者应税服务的，应当分别核算适用不同税率或征收率的销售额，未分别核算销售额的，按照以下方法适用税率或征收率：

1．兼有不同税率的销售货物、提供加工修理修配劳务或者应税服务的，从高适用税率。

2．兼有不同征收率的销售货物、提供加工修理修配劳务或者应税服务的，从高适用征收率。

3．兼有不同税率和征收率的销售货物、提供加工修理修配劳务或者应税服务的，从高适用税率。

（二）油气田企业。

试点地区的油气田企业提供应税服务，应当按照《试点实施办法》缴纳增值税，不再执行《财政部国家税务总局关于印发〈油气田企业增值税管理办法〉的通知》（财税〔2009〕8号）。

（三）销售额。

1．试点纳税人提供应税服务，按照国家有关营业税政策规定差额征收营业税的，允许其以取得的全部价款和价外费用，扣除支付给非试点纳税人（指试点地区不按照《试点实施办法》缴纳增值税的纳税人和非试点地区的纳税人）价款后的余额为销售额。

试点纳税人中的小规模纳税人提供交通运输业服务和国际货物运输代理服务，按照国家有关营业税政策规定差额征收营业税的，其支付给试点纳税人的价款，也允许从其取得的全部价款和价外费用中扣除。

试点纳税人中的一般纳税人提供国际货物运输代理服务，按照国家有关营业税政策规定差额征收营业税的，其支付给试点纳税人的价款，也允许从其取得的全部

价款和价外费用中扣除；其支付给试点纳税人的价款，取得增值税专用发票的，不得从其取得的全部价款和价外费用中扣除。

允许扣除价款的项目，应当符合国家有关营业税差额征税政策规定。

2．试点纳税人从全部价款和价外费用中扣除价款，应当取得符合法律、行政法规和国家税务总局有关规定的凭证。否则，不得扣除。

上述凭证是指：

（1）支付给境内单位或者个人的款项，且该单位或者个人发生的行为属于增值税或营业税征收范围的，以该单位或者个人开具的发票为合法有效凭证。

（2）支付的行政事业性收费或者政府性基金，以开具的财政票据为合法有效凭证。

（3）支付给境外单位或者个人的款项，以该单位或者个人的签收单据为合法有效凭证，税务机关对签收单据有疑义的，可以要求其提供境外公证机构的确认证明。

（4）国家税务总局规定的其他凭证。

（四）进项税额。

试点纳税人接受试点纳税人中的小规模纳税人提供的交通运输业服务，按照取得的增值税专用发票上注明的价税合计金额和7%的扣除率计算进项税额。

试点纳税人从试点地区取得的该地区试点实施之日（含）以后开具的运输费用结算单据（铁路运输费用结算单据除外），不得作为增值税扣税凭证。

（五）一般纳税人资格认定和计税方法。

1．《试点实施办法》第三条规定的应税服务年销售额标准为500万元（含本数，下同）。

财政部和国家税务总局可以根据试点情况对应税服务年销售额标准进行调整。

2．试点纳税人中的一般纳税人提供的公共交通运输服务（包括轮客渡、公交客运、轨道交通、出租车），可以选择按照简易计税方法计算缴纳增值税。

（六）跨年度租赁。

试点纳税人在该地区试点实施之日前签订的尚未执行完毕的租赁合同，在合同到期日之前继续按照现行营业税政策规定缴纳营业税。

（七）非固定业户。

机构所在地或者居住地在试点地区的非固定业户在非试点地区提供应税服务，应当向其机构所在地或者居住地主管税务机关申报缴纳增值税。

二、扣缴义务人有关政策

符合下列情形的，按照《试点实施办法》第六条规定代扣代缴增值税：

（一）以境内代理人为扣缴义务人的，境内代理人和接受方的机构所在地或者居住地均在试点地区。

（二）以接受方为扣缴义务人的，接受方的机构所在地或者居住地在试点地区。

不符合上述情形的，仍按照现行营业税有关规定代扣代缴营业税。

三、原增值税纳税人（指按照《中华人民共和国增值税暂行条例》缴纳增值税的纳税人）有关政策

（一）进项税额。

1. 原增值税一般纳税人接受试点纳税人提供的应税服务，取得的增值税专用发票上注明的增值税额为进项税额，准予从销项税额中抵扣。

2. 原增值税一般纳税人接受试点纳税人中的小规模纳税人提供的交通运输业服务，按照从提供方取得的增值税专用发票上注明的价税合计金额和7%的扣除率计算进项税额，从销项税额中抵扣。

3. 试点地区的原增值税一般纳税人接受境外单位或者个人提供的应税服务，按照规定应当扣缴增值税的，准予从销项税额中抵扣的进项税额为从税务机关或者代理人取得的解缴税款的中华人民共和国税收通用缴款书（以下称通用缴款书）上注明的增值税额。

上述纳税人凭通用缴款书抵扣进项税额的，应当具备书面合同、付款证明和境外单位的对账单或者发票。否则，进项税额不得从销项税额中抵扣。

4. 试点地区的原增值税一般纳税人购进货物或者接受加工修理修配劳务，用于《应税服务范围注释》所列项目的，不属于《中华人民共和国增值税暂行条例》（以下称《增值税条例》）第十条所称的用于非增值税应税项目，其进项税额准予从销项税额中抵扣。

5. 原增值税一般纳税人接受试点纳税人提供的应税服务，下列项目的进项税额不得从销项税额中抵扣：

（1）用于简易计税方法计税项目、非增值税应税项目、免征增值税项目、集体福利或者个人消费，其中涉及的专利技术、非专利技术、商誉、商标、著作权、有形动产租赁，仅指专用于上述项目的专利技术、非专利技术、商誉、商标、著作权、有形动产租赁。

（2）接受的旅客运输服务。

（3）与非正常损失的购进货物相关的交通运输业服务。

（4）与非正常损失的在产品、产成品所耗用购进货物相关的交通运输业服务。

上述非增值税应税项目，对于试点地区的原增值税一般纳税人，是指《增值

税条例》第十条所称的非增值税应税项目，但不包括《应税服务范围注释》所列项目；对于非试点地区的原增值税一般纳税人，是指《增值税条例》第十条所称的非增值税应税项目。

6．原增值税一般纳税人从试点地区取得的该地区试点实施之日（含）以后开具的运输费用结算单据（铁路运输费用结算单据除外），一律不得作为增值税扣税凭证。

（二）一般纳税人认定。

试点地区的原增值税一般纳税人兼有应税服务，按照《试点实施办法》和本规定第一条第（五）款的规定应当申请认定一般纳税人的，不需要重新办理一般纳税人认定手续。

（三）增值税期末留抵税额。

试点地区的原增值税一般纳税人兼有应税服务的，截止到该地区试点实施之日前的增值税期末留抵税额，不得从应税服务的销项税额中抵扣。

法规四：《交通运输业和部分现代服务业营业税改征增值税试点过渡政策的规定》

《交通运输业和部分现代服务业营业税改征增值税试点过渡政策的规定》

交通运输业和部分现代服务业营业税改征增值税后，为实现试点纳税人（指按照《试点实施办法》缴纳增值税的纳税人）原享受的营业税优惠政策平稳过渡，现将试点期间试点纳税人有关增值税优惠政策规定如下：

一、下列项目免征增值税

（一）个人转让著作权。

（二）残疾人个人提供应税服务。

（三）航空公司提供飞机播洒农药服务。

（四）试点纳税人提供技术转让、技术开发和与之相关的技术咨询、技术服务。

1．技术转让，是指转让者将其拥有的专利和非专利技术的所有权或者使用权有偿转让他人的行为；技术开发，是指开发者接受他人委托，就新技术、新产品、新工艺或者新材料及其系统进行研究开发的行为；技术咨询，是指就特定技术项目提供可行性论证、技术预测、专题技术调查、分析评价报告等。

与技术转让、技术开发相关的技术咨询、技术服务，是指转让方（或受托方）

根据技术转让或开发合同的规定，为帮助受让方（或委托方）掌握所转让（或委托开发）的技术，而提供的技术咨询、技术服务业务，且这部分技术咨询、服务的价款与技术转让（或开发）的价款应当开在同一张发票上。

2．审批程序。试点纳税人申请免征增值税时，须持技术转让、开发的书面合同，到试点纳税人所在地省级科技主管部门进行认定，并持有关的书面合同和科技主管部门审核意见证明文件报主管国家税务局备查。

（五）符合条件的节能服务公司实施合同能源管理项目中提供的应税服务。

上述“符合条件”是指同时满足下列条件：

1．节能服务公司实施合同能源管理项目相关技术，应当符合国家质量监督检验检疫总局和国家标准化管理委员会发布的《合同能源管理技术通则》（GB/T24915-2010）规定的技术要求。

2．节能服务公司与用能企业签订《节能效益分享型》合同，其合同格式和内容，符合《中华人民共和国合同法》和国家质量监督检验检疫总局和国家标准化管理委员会发布的《合同能源管理技术通则》（GB/T24915-2010）等规定。

（六）自本地区试点实施之日起至2013年12月31日，注册在属于试点地区的中国服务外包示范城市的企业从事离岸服务外包业务中提供的应税服务。

从事离岸服务外包业务，是指注册在上海的企业根据境外单位与其签订的委托合同，由本企业或其直接转包的企业为境外提供信息技术外包服务（ITO）、技术性业务流程外包服务（BPO）或技术性知识流程外包服务（KPO）。

（七）台湾航运公司从事海峡两岸海上直航业务在大陆取得的运输收入。

台湾航运公司，是指取得交通运输部颁发的“台湾海峡两岸间水路运输许可证”且该许可证上注明的公司登记地址在台湾的航运公司。

（八）台湾航空公司从事海峡两岸空中直航业务在大陆取得的运输收入。

台湾航空公司，是指取得中国民用航空局颁发的“经营许可”或依据《海峡两岸空运协议》和《海峡两岸空运补充协议》规定，批准经营两岸旅客、货物和邮件不定期（包机）运输业务，且公司登记地址在台湾的航空公司。

（九）美国ABS船级社在非营利宗旨不变、中国船级社在美国享受同等免税待遇的前提下，在中国境内提供的船检服务。

（十）随军家属就业。

1．为安置随军家属就业而新开办的企业，自领取税务登记证之日起，其提供的应税服务3年内免征增值税。

享受税收优惠政策的企业，随军家属必须占企业总人数的60%（含）以上，并有军（含）以上政治和后勤机关出具的证明。

2．从事个体经营的随军家属，自领取税务登记证之日起，其提供的应税服务3年内免征增值税。

随军家属必须有师以上政治机关出具的可以表明其身份的证明，但税务部门应当进行相应的审查认定。

主管税务机关在企业或个人享受免税期间，应当对此类企业进行年度检查，凡不符合条件的，取消其免税政策。

按照上述规定，每一名随军家属可以享受一次免税政策。

（十一）军队转业干部就业。

1．从事个体经营的军队转业干部，经主管税务机关批准，自领取税务登记证之日起，其提供的应税服务3年内免征增值税。

2．为安置自主择业的军队转业干部就业而新开办的企业，凡安置自主择业的军队转业干部占企业总人数60%（含）以上的，经主管税务机关批准，自领取税务登记证之日起，其提供的应税服务3年内免征增值税。

享受上述优惠政策的自主择业的军队转业干部必须持有师以上部队颁发的转业证件。

（十二）城镇退役士兵就业。

1．为安置自谋职业的城镇退役士兵就业而新办的服务型企业当年新安置自谋职业的城镇退役士兵达到职工总数30%以上，并与其签订1年以上期限劳动合同的，经县级以上民政部门认定、税务机关审核，其提供的应税服务（除广告服务外）3年内免征增值税。

2．自谋职业的城镇退役士兵从事个体经营的，自领取税务登记证之日起，其提供的应税服务（除广告服务外）3年内免征增值税。

新办的服务型企业，是指《国务院办公厅转发民政部等部门关于扶持城镇退役士兵自谋职业优惠政策意见的通知》（国办发〔2004〕10号）下发后新组建的企业。原有的企业合并、分立、改制、改组、扩建、搬迁、转产以及吸收新成员、改变领导或隶属关系、改变企业名称的，不能视为新办企业。

自谋职业的城镇退役士兵，是指符合城镇安置条件，并与安置地民政部门签订《退役士兵自谋职业协议书》，领取《城镇退役士兵自谋职业证》的士官和义务兵。

（十三）失业人员就业。

1．持《就业失业登记证》（注明“自主创业税收政策”或附着《高校毕业生自主创业证》）人员从事个体经营的，在3年内按照每户每年8000元为限额依次扣减其当年实际应缴纳的增值税、城市维护建设税、教育费附加和个人所得税。

试点纳税人年度应缴纳税款小于上述扣减限额的，以其实际缴纳的税款为限；

大于上述扣减限额的，应当以上述扣减限额为限。

享受优惠政策的个体经营试点纳税人，是指提供《应税服务范围注释》服务（除广告服务外）的试点纳税人。

持《就业失业登记证》（注明“自主创业税收政策”或附着《高校毕业生自主创业证》）人员是指：（1）在人力资源和社会保障部门公共就业服务机构登记失业半年以上的人员；（2）零就业家庭、享受城市居民最低生活保障家庭劳动年龄内的登记失业人员；（3）毕业年度内高校毕业生。

高校毕业生，是指实施高等学历教育的普通高等学校、成人高等学校毕业的学生；毕业年度，是指毕业所在自然年，即1月1日至12月31日。

2．服务型企业（除广告服务外）在新增加的岗位中，当年新招用持《就业失业登记证》（注明“企业吸纳税收政策”）人员，与其签订1年以上期限劳动合同并依法缴纳社会保险费的，在3年内按照实际招用人数予以定额依次扣减增值税、城市维护建设税、教育费附加和企业所得税优惠。定额标准为每人每年4000元，可上下浮动20%，由试点地区省级人民政府根据本地区实际情况在此幅度内确定具体定额标准，并报财政部和国家税务总局备案。

按照上述标准计算的税收扣减额应当在企业当年实际应缴纳的增值税、城市维护建设税、教育费附加和企业所得税税额中扣减，当年扣减不足的，不得结转下年使用。

持《就业失业登记证》（注明“企业吸纳税收政策”）人员是指：（1）国有企业下岗失业人员；（2）国有企业关闭破产需要安置的人员；（3）国有企业所办集体企业（即厂办大集体企业）下岗职工；（4）享受最低生活保障且失业1年以上的城镇其他登记失业人员。

服务型企业，是指从事原营业税“服务业”税目范围内业务的企业。

国有企业所办集体企业（即厂办大集体企业），是指20世纪70、80年代，由国有企业批准或资助兴办的，以安置回城知识青年和国有企业职工子女就业为目的，主要向主办国有企业提供配套产品或劳务服务，在工商行政机关登记注册为集体所有制的企业。厂办大集体企业下岗职工包括在国有企业混岗工作的集体企业下岗职工。

3．享受上述优惠政策的人员按照下列规定申领《就业失业登记证》、《高校毕业生自主创业证》等凭证：

（1）按照《就业服务与就业管理规定》（中华人民共和国劳动和社会保障部令第28号）第六十三条的规定，在法定劳动年龄内，有劳动能力，有就业要求，处于无业状态的城镇常住人员，在公共就业服务机构进行失业登记，申领《就业失业登记证》。其中，农村进城务工人员和其他非本地户籍人员在常住地稳定就业满6个月的，失业后可以在常住地登记。

（2）零就业家庭凭社区出具的证明，城镇低保家庭凭低保证明，在公共就业服务机构登记失业，申领《就业失业登记证》。

（3）毕业年度内高校毕业生在校期间凭学校出具的相关证明，经学校所在地省级教育行政部门核实认定，取得《高校毕业生自主创业证》（仅在毕业年度适用），并向创业地公共就业服务机构申请取得《就业失业登记证》；高校毕业生离校后直接向创业地公共就业服务机构申领《就业失业登记证》。

（4）服务型企业招录的人员，在公共就业服务机构申领《就业失业登记证》。

（5）《再就业优惠证》不再发放，原持证人员应当到公共就业服务机构换发《就业失业登记证》。正在享受下岗失业人员再就业税收优惠政策的原持证人员，继续享受原税收优惠政策至期满为止。

（6）上述人员申领相关凭证后，由就业和创业地人力资源和社会保障部门对人员范围、就业失业状态、已享受政策情况审核认定，在《就业失业登记证》上注明“自主创业税收政策”或“企业吸纳税收政策”字样，同时符合自主创业和企业吸纳税收政策条件的，可同时加注；主管税务机关在《就业失业登记证》上加盖戳记，注明减免税所属时间。

4．上述税收优惠政策的审批期限为2011年1月1日至2013年12月31日，以试点纳税人到税务机关办理减免税手续之日起作为优惠政策起始时间。税收优惠政策在2013年12月31日未执行到期的，可继续享受至3年期满为止。

二、下列项目实行增值税即征即退

（一）注册在洋山保税港区内试点纳税人提供的国内货物运输服务、仓储服务和装卸搬运服务。

（二）安置残疾人的单位，实行由税务机关按照单位实际安置残疾人的人数，限额即征即退增值税的办法。

上述政策仅适用于从事原营业税“服务业”税目（广告服务除外）范围内业务取得的收入占其增值税和营业税业务合计收入的比例达到50%的单位。

有关享受增值税优惠政策单位的条件、定义、管理要求等按照《财政部国家税务总局关于促进残疾人就业税收优惠政策的通知》（财税〔2007〕92号）中有关规定执行。

（三）试点纳税人中的一般纳税人提供管道运输服务，对其增值税实际税负超过3%的部分实行增值税即征即退政策。

（四）经人民银行、银监会、商务部批准经营融资租赁业务的试点纳税人中的一般纳税人提供有形动产融资租赁服务，对其增值税实际税负超过3%的部分实行增值税即征即退政策。

三、本地区试点实施之日前，如果试点纳税人已经按照有关政策规定享受了营业税税收优惠，在剩余税收优惠政策期限内，按照本办法规定享受有关增值税优惠。

法规五：《财政部　国家税务总局关于应税服务适用增值税零税率和免税政策的通知》

《财政部　国家税务总局关于应税服务适用增值税零税率和免税政策的通知》

财税〔2011〕131号

各省、自治区、直辖市、计划单列市财政厅（局）、国家税务局、地方税务局，新疆生产建设兵团财务局：

根据《财政部　国家税务总局关于印发〈营业税改征增值税试点方案〉的通知》（财税〔2011〕110号）和《财政部　国家税务总局关于在上海市开展交通运输业和部分现代服务业营业税改征增值税试点的通知》（财税〔2011〕111号），现将应税服务适用增值税零税率和免税政策的有关事项通知如下：

一、试点地区的单位和个人提供的国际运输服务、向境外单位提供的研发服务和设计服务适用增值税零税率。

（一）国际运输服务，是指：

1．在境内载运旅客或者货物出境；

2．在境外载运旅客或者货物入境；

3．在境外载运旅客或者货物。

（二）试点地区的单位和个人适用增值税零税率，以水路运输方式提供国际运输服务的，应当取得《国际船舶运输经营许可证》；以陆路运输方式提供国际运输服务的，应当取得《道路运输经营许可证》和《国际汽车运输行车许可证》，且《道路运输经营许可证》的经营范围应当包括“国际运输”；以航空运输方式提供国际运输服务的，应当取得《公共航空运输企业经营许可证》且其经营范围应当包括“国际航空客货邮运输业务”。

（三）向境外单位提供的设计服务，不包括对境内不动产提供的设计服务。

二、试点地区的单位和个人提供适用零税率的应税服务，如果属于适用增值税一般计税方法的，实行免抵退税办法，退税率为其按照《交通运输业和部分现代服务业营业税改征增值税试点实施办法》（财税〔2011〕111号）第十二条第（一）至（三）项规定适用的增值税税率；如果属于适用简易计税方法的，实行免征增值税办法。

三、试点地区的单位和个人提供适用零税率的应税服务，按月向主管退税的税务机关申报办理增值税免抵退税或免税手续。具体管理办法由国家税务总局商财政部另行制定。

四、试点地区的单位和个人提供的下列应税服务免征增值税，但财政部和国家税务总局规定适用零税率的除外：

（一）工程、矿产资源在境外的工程勘察勘探服务。

（二）会议展览地点在境外的会议展览服务。

（三）存储地点在境外的仓储服务。

（四）标的物在境外使用的有形动产租赁服务。

（五）符合本通知第一条第（一）项规定但不符合第一条第（二）项规定条件的国际运输服务。

（六）向境外单位提供的下列应税服务：

1．技术转让服务、技术咨询服务、合同能源管理服务、软件服务、电路设计及测试服务、信息系统服务、业务流程管理服务、商标著作权转让服务、知识产权服务、物流辅助服务（仓储服务除外）、认证服务、鉴证服务、咨询服务。但不包括：合同标的物在境内的合同能源管理服务，对境内货物或不动产的认证服务、鉴证服务和咨询服务。

2．广告投放地在境外的广告服务。

五、本通知自2012年1月1日起执行。

财政部国家税务总局

二〇一一年十二月二十九日

法规六：《总分机构试点纳税人增值税计算缴纳暂行办法》

《总分机构试点纳税人增值税计算缴纳暂行办法》

一、经财政部和国家税务总局批准的总机构试点纳税人，及其分支机构按照本办法的规定计算缴纳增值税。

二、总机构应当汇总计算总机构以及其分支机构发生《应税服务范围注释》所列业务的应交增值税，抵减分支机构发生《应税服务范围注释》所列业务已缴纳的增值税和营业税税款后，在总机构所在地解缴入库。总机构销售货物、提供加工修理修配劳务，按照增值税暂行条例及相关规定申报缴纳增值税。

三、总机构的汇总应征增值税销售额由以下两部分组成：

（一）总机构及其试点地区分支机构发生《应税服务范围注释》所列业务的应征增值税销售额；

（二）非试点地区分支机构发生《应税服务范围注释》所列业务的销售额。计算公式如下：

销售额=应税服务的营业额÷（1+增值税适用税率）

应税服务的营业额，是指非试点地区分支机构发生《应税服务范围注释》所列业务的营业额。增值税适用税率，是指《交通运输业和部分现代服务业营业税改征增值税试点实施办法》（以下简称《试点实施办法》）规定的增值税适用税率。

四、总机构汇总的销项税额，按照本办法第三条规定的应征增值税销售额和《试点实施办法》规定的增值税适用税率计算。

五、总机构汇总的进项税额，是指总机构及其分支机构因发生《应税服务范围注释》所列业务而购进货物或者接受加工修理修配劳务和应税服务，支付或者负担的增值税税额。总机构及其分支机构用于发生《应税服务范围注释》所列业务之外的进项税额不得汇总。

六、试点地区分支机构发生《应税服务范围注释》所列业务，按照应征增值税销售额和预征率计算缴纳增值税。计算公式如下：

应缴纳的增值税＝应征增值税销售额×预征率

预征率由财政部和国家税务总局规定，并适时予以调整。

试点地区分支机构和非试点地区分支机构销售货物、提供加工修理修配劳务，按照增值税暂行条例及相关规定就地申报缴纳增值税；非试点地区分支机构发生《应税服务范围注释》所列业务，按照现行规定申报缴纳营业税。

七、分支机构发生《应税服务范围注释》所列业务当期已缴纳的增值税和营业税税款，允许在总机构当期增值税应纳税额中抵减，抵减不完的，可以结转下期继续抵减。

八、总机构以及试点地区分支机构的其他增值税涉税事项，按照《财政部国家税务总局关于在上海市开展交通运输业和部分现代服务业营业税改征增值税试点的通知》（财税〔2011〕111号）及其他增值税有关政策执行。

九、总分机构试点纳税人增值税具体管理办法由国家税务总局另行制定。

法规七：《关于交通运输业和部分现代服务业营业税改征增值税试点若干税收政策的通知》

《关于交通运输业和部分现代服务业营业税改征增值税试点若干税收政策的通知》

各省、自治区、直辖市、计划单列市财政厅（局）、国家税务局、地方税务局，新疆生产建设兵团财务局：

现将上海市（以下称试点地区）开展交通运输业和部分现代服务业营业税改征增值税试点若干税收政策通知如下。

一、销售使用过的固定资产

按照《交通运输业和部分现代服务业营业税改征增值税试点实施办法》（财税〔2011〕111号，以下简称《试点实施办法》）和《交通运输业和部分现代服务业营业税改征增值税试点有关事项的规定》（财税〔2011〕111号，以下简称《试点有关事项的规定》）认定的一般纳税人，销售自己使用过的本地区试点实施之日（含）以后购进或自制的固定资产，按照适用税率征收增值税；销售自己使用过的本地区试点实施之日以前购进或者自制的固定资产，按照4%征收率减半征收增值税。

使用过的固定资产，是指纳税人根据财务会计制度已经计提折旧的固定资产。

二、计税方法

试点地区的增值税一般纳税人兼有销售货物、提供加工修理修配劳务或者提供应税服务的，凡未规定可以选择按照简易计税方法计算缴纳增值税的，其全部销售额应一并按照一般计税方法计算缴纳增值税。

三、跨年度业务

（一）试点纳税人（指按照《试点实施办法》缴纳增值税的纳税人，下同）提供应税服务，按照国家有关营业税政策规定差额征收营业税的，因取得的全部价款和价外费用不足以抵减允许扣除项目金额，截至本地区试点实施之日前尚未扣除的部分，不得在计算试点纳税人本地区试点实施之日（含）后的销售额时予以抵减，应当向主管税务机关申请退还营业税。

试点纳税人按照《试点有关事项的规定》第一条第（六）项，继续缴纳营业税的有形动产租赁服务，不适用上述规定。

（二）试点纳税人提供应税服务在本地区试点实施之日前已缴纳营业税，本地区试点实施之日（含）后因发生退款减除营业额的，应当向主管税务机关申请退还已缴纳的营业税。

（三）试点纳税人本地区试点实施之日前提供的应税服务，因税收检查等原因需要补缴税款的，应按照现行营业税政策规定补缴营业税。

四、船舶代理服务

船舶代理服务按照港口码头服务缴纳增值税。

船舶代理服务，是指接受船舶所有人或者船舶承租人、船舶经营人的委托，经营办理船舶进出港口手续，联系安排引航、靠泊和装卸；代签提单、运输合同，代办接受订舱业务；办理船舶、集装箱以及货物的报关手续；承揽货物、组织货载，办理货物、集装箱的托运和中转；代收运费，代办结算；组织客源，办理有关海上旅客运输业务；其他为船舶提供的相关服务。

提供船舶代理服务的单位和个人，受船舶所有人、船舶经营人或者船舶承租人委托向运输服务接受方或者运输服务接受方代理人收取的运输服务收入，应当按照水路运输服务缴纳增值税。根据财税〔2012〕53号该处已废止。

五、销售额

试点纳税人中的一般纳税人按《试点有关事项的规定》第一条第（三）项确定销售额时，其支付给非试点纳税人价款中，不包括已抵扣进项税额的货物、加工修理修配劳务的价款。

六、扣缴增值税适用税率

中华人民共和国境内的代理人和接受方为境外单位和个人扣缴增值税的，按照适用税率扣缴增值税。

七、航空运输企业

（一）除中国东方航空股份有限公司、上海航空有限公司、中国货运航空有限公司、春秋航空股份有限公司、上海吉祥航空股份有限公司、扬子江快运航空有限公司外，其他注册在试点地区的单位从事《试点实施办法》中《应税服务范围注释》规定的航空运输业务，不缴纳增值税，仍按照现行营业税政策规定缴纳营业税。

（二）提供的旅客利用里程积分兑换的航空运输服务，不征收增值税。

（三）根据国家指令无偿提供的航空运输服务，属于《试点实施办法》第十一条规定的以公益活动为目的的服务，不征收增值税。

（四）试点航空企业的应征增值税销售额不包括代收的机场建设费和代售其他航空运输企业客票而代收转付的价款。

（五）试点航空企业已售票但未提供航空运输服务取得的逾期票证收入，不属于增值税应税收入，不征收增值税。

财政部 国家税务总局

二〇一一年十二月二十九日

法规八：《财政部 国家税务总局关于交通运输业和部分现代服务业营业税改征增值税试点若干税收政策的补充通知》

《财政部 国家税务总局关于交通运输业和部分现代服务业营业税改征增值税试点若干税收政策的补充通知》

各省、自治区、直辖市、计划单列市财政厅（局）、国家税务局、地方税务局，新疆生产建设兵团财务局：

现就试点地区开展交通运输业和部分现代服务业营业税改征增值税试点有关税收政策补充通知如下：

一、未与我国政府达成双边运输免税安排的国家和地区的单位或者个人，向境内单位或者个人提供的国际运输服务，符合《交通运输业和部分现代服务业营业税改征增值税试点实施办法》（财税〔2011〕111号，以下称《试点实施办法》）第六条规定的，试点期间扣缴义务人暂按3%的征收率代扣代缴增值税。

应扣缴税额按照下列公式计算：

应扣缴税额=接受方支付的价款÷（1+征收率）×征收率

二、被认定为动漫企业的试点纳税人中的一般纳税人，为开发动漫产品提供的动漫脚本编撰、形象设计、背景设计、动画设计、分镜、动画制作、摄制、描线、上色、画面合成、配音、配乐、音效合成、剪辑、字幕制作、压缩转码（面向网络动漫、手机动漫格式适配）服务，以及在境内转让动漫版权（包括动漫品牌、形象或者内容的授权及再授权），自试点开始实施之日至2012年12月31日，可以选择适用简易计税方法计算缴纳增值税，但一经选择，在此期间不得变更计税方法。

动漫企业和自主开发、生产动漫产品的认定标准和认定程序，按照《文化部　财政部　国家税务总局关于印发<动漫企业认定管理办法（试行）>的通知》（文市发〔2008〕51号）的规定执行。

三、船舶代理服务统一按照港口码头服务缴纳增值税。《财政部　国家税务总局关于交通运输业和部分现代服务业营业税改征增值税试点若干税收政策的通知》（财税〔2011〕133号）第四条中“提供船舶代理服务的单位和个人，受船舶所有人、船舶经营人或者船舶承租人委托向运输服务接收方或者运输服务接收方代理人收取的运输服务收入，应当按照水路运输服务缴纳增值税”的规定相应废止。

四、试点纳税人中的一般纳税人，以试点实施之前购进或者自制的有形动产为标的物提供的经营租赁服务，试点期间可以选择适用简易计税方法计算缴纳增值税。

五、本通知第一条、第二条、第三条自2012年1月1日起执行，第四条自2012年7月1日起执行。

财政部　国家税务总局

二零一二年六月二十九日

法规九：《国家税务总局关于发布〈营业税改征增值税试点地区适用增值税零税率应税服务免抵退税管理办法（暂行）〉的公告》

《国家税务总局关于发布〈营业税改征增值税试点地区适用增值税零税率应税服务免抵退税管理办法（暂行）〉的公告》

国家税务总局公告2012年第13号

为确保营业税改征增值税试点工作顺利实施，根据《财政部国家税务总局关于应税服务适用增值税零税率和免税政策的通知》（财税〔2011〕131号）等相关规定，经商财政部，国家税务总局制定了《营业税改征增值税试点地区适用增值税零税率应税服务免抵退税管理办法（暂行）》。现予以发布，自2012年1月1日起施行。

零税率应税服务提供者目前暂按出口货物退（免）税申报系统中出口货物免抵退税申报表格式报送申报表和电子申报数据，申报表填表口径和方法由上海市国税局另行明确。本办法附件1、附件2、附件3启用时间另行通知。与本办法相关的财政负担机制、免抵税款调库方式另行明确。

特此公告。

附件：1．零税率应税服务（国际运输）免抵退税申报明细表。

2．应税服务（研发、设计服务）免抵退税申报明细表。

3．向境外单位提供研发、设计服务收讫营业款明细清单。

国家税务总局

二〇一二年四月五日

法规十：《财政部　国家税务总局关于交通运输业和部分现代服务业营业税改征增值税试点应税服务范围等若干税收政策的补充通知》

《财政部　国家税务总局关于交通运输业和部分现代服务业营业税改征增值税试点应税服务范围等若干税收政策的补充通知》

财税〔2012〕86号

各省、自治区、直辖市、计划单列市财政厅（局）、国家税务局、地方税务局，新疆生产建设兵团财务局：

根据交通运输业和部分现代服务业营业税改征增值税（以下简称营改增）试点情况，经研究，现将有关税收政策通知如下。

一、建筑图纸审核服务、环境评估服务、医疗事故鉴定服务，按照“鉴证服务”征收增值税；代理记账服务按照“咨询服务”征收增值税；文印晒图服务按照“设计服务”征收增值税；组织安排会议或展览的服务按照“会议展览服务”征收增值税；港口设施经营人收取的港口设施保安费按照“港口码头服务”征收增值税；网站对非自有的网络游戏提供的网络运营服务按照“信息系统服务”征收增值税；出租车公司向出租车司机收取的管理费用，出租车属于出租车公司的，按照“陆路运输服务”征收增值税，出租车属于出租车司机的，不征收增值税。

二、对注册在天津市东疆保税港区内的试点纳税人提供的国内货物运输、仓储和装卸搬运服务，实行增值税即征即退政策。

三、自2012年11月1日起，对注册在平潭的试点纳税人从事离岸服务外包业务中提供的应税服务，免征增值税。

四、2013年12月31日之前，广播电影电视行政主管部门（包括中央、省、地市及县级）按照各自职能权限批准从事电影制片、发行、放映的电影集团公司（含成员企业）、电影制片厂及其他电影企业，属于试点纳税人的，对其转让电影版权免征增值税。

五、营改增试点地区的试点纳税人提供的往返台湾、香港、澳门的交通运输服务以及在台湾、香港、澳门提供的交通运输服务，适用增值税零税率。

试点纳税人适用增值税零税率，以陆路运输方式提供至香港、澳门的交通运输服务的，应当取得《道路运输经营许可证》并具有持《道路运输证》的直通港澳运输车辆；以水路运输方式提供至台湾的交通运输服务的，应当取得《台湾海峡两岸间水路运输许可证》并具有持《台湾海峡两岸间船舶营运证》的船舶；以水路运输方式提供至香港、澳门的交通运输服务的，应当具有获得港澳线路运营许可的船舶；以航空运输方式提供上述交通运输服务的，应当取得《公共航空运输企业经营许可证》且其经营范围应当包括“国际、国内（含港澳）航空客货邮运输业务”。

六、长途客运、班车（指按固定路线、固定时间运营并在固定停靠站停靠的运送旅客的陆路运输服务）、地铁、城市轻轨服务属于《交通运输业和部分现代服务业营业税改征增值税试点有关事项的规定》（财税〔2011〕111号）第一条第（五）项第2款规定的公共交通运输服务。试点纳税人中的一般纳税人提供上述服务，可以选择按照简易计税方法计算缴纳增值税。

七、船舶代理服务属于“货物运输代理服务”，国际船舶代理服务属于国际货物运输代理服务。

船舶代理服务，是指接受货物收货人、发货人、船舶所有人、船舶承租人或船舶经营人的委托，以委托人的名义或者自己的名义，在不直接提供货物运输劳务情况下，为委托人办理货物运输以及船舶进出港口、联系安排引航、靠泊和装卸等相关业务手续的业务活动。《财政部　国家税务总局关于交通运输业和部分现代服务业营业税改征增值税试点若干税收政策的通知》（财税〔2011〕133号）第四条和《财政部　国家税务总局关于交通运输业和部分现代服务业营业税改征增值税试点若干税收政策的补充通知》（财税〔2012〕53号）第三条相应废止。

八、《交通运输业和部分现代服务业营业税改征增值税试点过渡政策的规定》（财税〔2011〕111号）第二条第（三）项、第（四）项中增值税实际税负是指，纳税人当期实际缴纳的增值税税额占纳税人当期提供应税服务取得的全部价款和价外费用的比例。

九、本通知除第三条另有规定外，自2012年12月1日起执行。

财政部　国家税务总局

2012年12月4日

法规十一：《营业税改征增值税试点期间航空运输企业增值税征收管理暂行办法》

《营业税改征增值税试点期间航空运输企业增值税征收管理暂行办法》

国家税务总局公告2013年第7号

为解决营业税改征增值税试点期间航空运输企业总机构试点纳税人缴纳增值税问题，国家税务总局制定了《营业税改征增值税试点期间航空运输企业增值税征收管理暂行办法》，现予以发布，自2012年9月1日起施行。

特此公告。

国家税务总局

2013年2月6日

第一条　为了规范营业税改征增值税试点期间航空运输企业增值税征收管理，根据《交通运输业和部分现代服务业营业税改征增值税试点实施办法》（财税〔2011〕111号，以下称《试点实施办法》）、《总分机构试点纳税人增值税计算缴纳暂行办法》（财税〔2012〕84号）和现行增值税有关规定，制定本办法。

第二条　经财政部和国家税务总局批准，按照《总分机构试点纳税人增值税计算缴纳暂行办法》计算缴纳增值税的航空运输企业，适用本办法。

第三条　航空运输企业的总机构（以下称总机构），应当汇总计算总机构及其分支机构发生《应税服务范围注释》所列业务的增值税应纳税额，抵减分支机构发生《应税服务范围注释》所列业务已缴纳的增值税和营业税税款后，向其机构所在地主管税务机关申报纳税。

第四条　总机构汇总的应征增值税销售额由以下两部分组成：

（一）总机构及其试点地区分支机构发生《应税服务范围注释》所列业务的应征增值税销售额。

（二）非试点地区分支机构发生《应税服务范围注释》所列业务的销售额。计算公式为：

销售额=应税服务的营业额÷（1+增值税适用税率）

应税服务的营业额，是指非试点地区分支机构发生《应税服务范围注释》所列业务的营业额。增值税适用税率，是指《试点实施办法》规定的增值税适用税率。

总机构应按照增值税现行规定核算汇总的应征增值税销售额。

第五条　总机构汇总的销项税额，按照本办法第四条规定的应征增值税销售额和《试点实施办法》规定的增值税适用税率计算。

第六条　总机构汇总的进项税额，是指总机构及其分支机构因发生《应税服务范围注释》所列业务而购进货物或者接受加工修理修配劳务和应税服务，支付或者负担的增值税税额。总机构和分支机构用于发生《应税服务范围注释》所列业务之外的进项税额不得汇总。

非试点地区分支机构发生《应税服务范围注释》所列业务而购进货物或者接受加工修理修配劳务和应税服务，应当索取增值税扣税凭证。

第七条　试点地区分支机构发生《应税服务范围注释》所列业务，按照应征增值税销售额和预征率计算缴纳增值税，按月向主管税务机关申报纳税，不得抵扣进项税额。计算公式为：

应缴纳的增值税＝应征增值税销售额×预征率

试点地区分支机构销售货物和提供加工修理修配劳务，按照增值税暂行条例及相关规定申报缴纳增值税。

第八条　非试点地区分支机构发生《应税服务范围注释》所列业务，按照现行规定申报缴纳营业税。

第九条　试点地区分支机构，应按月将当月《应税服务范围注释》所列业务的应征增值税销售额、进项税额和已缴纳的增值税税额归集汇总，填写《航空运输企业试点地区分支机构传递单》（附件1），报送主管国税机关签章确认后，于次月10日前传递给总机构。

非试点地区分支机构，应按月将当月《应税服务范围注释》所列业务的营业税应税营业额、已缴纳的营业税税额以及取得的进项税额归集汇总，填写《航空运输企业非试点地区分支机构传递单》（附件2），报送主管国税机关和地税机关签章确认后，于次月10日前传递给总机构。

第十条　总机构的增值税纳税期限为一个季度。

第十一条　总机构应当依据《航空运输企业试点地区分支机构传递单》和《航空运输企业非试点地区分支机构传递单》，计算当期发生《应税服务范围注释》所列业务的增值税应纳税额，抵减分支机构发生《应税服务范围注释》所列业务当期已缴纳的增值税和营业税税款后，向其主管税务机关申报纳税。抵减不完的，可以结转下期继续抵减。计算公式为：

总机构当期应纳税额＝当期汇总销项税额－当期汇总进项税额

总机构当期应补（退）税额＝总机构当期应纳税额－当期试点地区分支机构已缴纳的增值税税额-当期非试点地区分支机构已缴纳的营业税税额

第十二条　总机构及其分支机构，一律由机构所在地主管国税机关认定为增值税一般纳税人。

第十三条　总机构应当在开具增值税专用发票的次月申报期结束前向主管税务机关报税。

总机构及其分支机构取得的增值税扣税凭证，应当按照有关规定到主管国税机关办理认证或者申请稽核比对。

总机构汇总的进项税额，应当在季度终了后的第一个申报期内申报抵扣。

第十四条　分支机构所在地主管税务机关应定期对其纳税情况进行检查。

试点地区分支机构发生《应税服务范围注释》所列业务申报不实的，就地按适用税率全额补征增值税；非试点分支机构发生《应税服务范围注释》所列业务申报不实的，按照现行规定补征营业税。主管税务机关应将检查情况及结果发函通知总机构所在地主管国税机关。

第十五条　总机构及其分支机构的其他增值税涉税事项，按照《试点实施办法》及现行增值税有关政策执行。

法规十二：《营业税改征增值税试点有关企业会计处理规定》

《营业税改征增值税试点有关企业会计处理规定》

根据“财政部、国家税务总局关于印发《营业税改征增值税试点方案》的通知”（财税〔2011〕110号）等相关规定，现就营业税改征增值税试点有关企业会计处理规定如下：

一、试点纳税人差额征税的会计处理

（一）一般纳税人的会计处理

一般纳税人提供应税服务，试点期间按照营业税改征增值税有关规定允许从销售额中扣除其支付给非试点纳税人价款的，应在“应交税费——应交增值税”科目下增设“营改增抵减的销项税额”专栏，用于记录该企业因按规定扣减销售额而减少的销项税额；同时，“主营业务收入”、“主营业务成本”等相关科目应按经营业务的种类进行明细核算。

企业接受应税服务时，按规定允许扣减销售额而减少的销项税额，借记“应交税费——应交增值税（营改增抵减的销项税额）”科目，按实际支付或应付的金额与上述增值税额的差额，借记“主营业务成本”等科目，按实际支付或应付的金额，贷记“银行存款”、“应付账款”等科目。

对于期末一次性进行账务处理的企业，期末，按规定当期允许扣减销售额而减少的销项税额，借记“应交税费——应交增值税（营改增抵减的销项税额）”科目，贷记“主营业务成本”等科目。

（二）小规模纳税人的会计处理

小规模纳税人提供应税服务，试点期间按照营业税改征增值税有关规定允许从销售额中扣除其支付给非试点纳税人价款的，按规定扣减销售额而减少的应交增值税应直接冲减“应交税费——应交增值税”科目。

企业接受应税服务时，按规定允许扣减销售额而减少的应交增值税，借记“应交税费——应交增值税”科目，按实际支付或应付的金额与上述增值税额的差额，借记“主营业务成本”等科目，按实际支付或应付的金额，贷记“银行存款”、“应付账款”等科目。

对于期末一次性进行账务处理的企业，期末，按规定当期允许扣减销售额而减少的应交增值税，借记“应交税费——应交增值税”科目，贷记“主营业务成本”等科目。

二、增值税期末留抵税额的会计处理

试点地区兼有应税服务的原增值税一般纳税人，截止到开始试点当月月初的增值税留抵税额按照营业税改征增值税有关规定不得从应税服务的销项税额中抵扣的，应在“应交税费”科目下增设“增值税留抵税额”明细科目。

开始试点当月月初，企业应按不得从应税服务的销项税额中抵扣的增值税留抵税额，借记“应交税费——增值税留抵税额”科目，贷记“应交税费——应交增值税（进项税额转出）”科目。待以后期间允许抵扣时，按允许抵扣的金额，借记“应交税费——应交增值税（进项税额）”科目，贷记“应交税费——增值税留抵税额”科目。

“应交税费——增值税留抵税额”科目期末余额应根据其流动性在资产负债表中的“其他流动资产”项目或“其他非流动资产”项目列示。

三、取得过渡性财政扶持资金的会计处理

试点纳税人在新老税制转换期间因实际税负增加而向财税部门申请取得财政扶持资金的，期末有确凿证据表明企业能够符合财政扶持政策规定的相关条件且预计能够收到财政扶持资金时，按应收的金额，借记“其他应收款”等科目，贷记“营业外收入”科目。待实际收到财政扶持资金时，按实际收到的金额，借记“银行存款”等科目，贷记“其他应收款”等科目。

四、增值税税控系统专用设备和技术维护费用抵减增值税额的会计处理

【相关法规——财税〔2012〕15号财政部、国家税务总局关于增值税税控系统

专用设备和技术维护费用抵减增值税税额有关政策的通知】

（一）增值税一般纳税人的会计处理

按税法有关规定，增值税一般纳税人初次购买增值税税控系统专用设备支付的费用以及缴纳的技术维护费允许在增值税应纳税额中全额抵减的，应在“应交税费——应交增值税”科目下增设“减免税款”专栏，用于记录该企业按规定抵减的增值税应纳税额。

企业购入增值税税控系统专用设备，按实际支付或应付的金额，借记“固定资产”科目，贷记“银行存款”、“应付账款”等科目。按规定抵减的增值税应纳税额，借记“应交税费——应交增值税（减免税款）”科目，贷记“递延收益”科目。按期计提折旧，借记“管理费用”等科目，贷记“累计折旧”科目；同时，借记“递延收益”科目，贷记“管理费用”等科目。

企业发生技术维护费，按实际支付或应付的金额，借记“管理费用”等科目，贷记“银行存款”等科目。按规定抵减的增值税应纳税额，借记“应交税费——应交增值税（减免税款）”科目，贷记“管理费用”等科目。

（二）小规模纳税人的会计处理

按税法有关规定，小规模纳税人初次购买增值税税控系统专用设备支付的费用以及缴纳的技术维护费允许在增值税应纳税额中全额抵减的，按规定抵减的增值税应纳税额应直接冲减“应交税费——应交增值税”科目。

企业购入增值税税控系统专用设备，按实际支付或应付的金额，借记“固定资产”科目，贷记“银行存款”、“应付账款”等科目。按规定抵减的增值税应纳税额，借记“应交税费——应交增值税”科目，贷记“递延收益”科目。按期计提折旧，借记“管理费用”等科目，贷记“累计折旧”科目；同时，借记“递延收益”科目，贷记“管理费用”等科目。

企业发生技术维护费，按实际支付或应付的金额，借记“管理费用”等科目，贷记“银行存款”等科目。按规定抵减的增值税应纳税额，借记“应交税费——应交增值税”科目，贷记“管理费用”等科目。

“应交税费——应交增值税”科目期末如为借方余额，应根据其流动性在资产负债表中的“其他流动资产”项目或“其他非流动资产”项目列示；如为贷方余额，应在资产负债表中的“应交税费”项目列示。

《营改增政策解读与企业实操手册》

编读互动信息卡

亲爱的读者：

感谢您购买本书。只要您以以下三种方式之一成为普华公司的**会员**，即可免费获得普华每月新书信息快递，在线订购图书或向我们邮购图书时可获得免付图书邮寄费的优惠：①详细填写本卡并以**传真（复印有效）或邮寄的方式**返回给我们；②**登录普华公司官网注册成为普华会员**；③关注微博：@普华文化（新浪微博）。会员单笔订购金额满 300 元，可免费获赠普华当月新书一本。

哪些因素促使您购买本书（可多选）

○本书摆放在书店显著位置　○封面推荐　○书名
○作者及出版社　○封面设计及版式　○媒体书评
○前言　○内容　○价格
○其他（　　　　　　　　　　）

您最近三个月购买的其他经济管理类图书有

1.《　　　　》　2.《　　　　》
3.《　　　　》　4.《　　　　》

您还希望我们提供的服务有

1. 作者讲座或培训　2. 附赠光盘
3. 新书信息　4. 其他（　　　　）

请附阁下资料，便于我们向您提供图书信息

姓　名　　联系电话　　职　务
电子邮箱　　工作单位
地　址

地　　址：北京市丰台区成寿寺路 11 号邮电出版大厦 1108 室　北京普华文化发展有限公司（100164）
传　　真：010-81055644
读者热线：010-81055656
编辑邮箱：zhaoyusi@puhuabook.com
投稿邮箱：puhua111@126.com，或请登录普华官网“作者投稿专区”。
投稿热线：010-81055633
购书电话：010-81055656
媒体及活动联系电话：010-81055656　　邮件地址：hanjuan@puhuabook.com
普华官网：http://www.puhuabook.com.cn
博　　客：http://blog.sina.com.cn/u/1812635437
新浪微博：@普华文化（关注微博，免费订阅普华每月新书信息速递）